GILMORE GIRLS

Süße Sorgen

Sylvia Hartmann

Gilmore girls

SÜSSE SORGEN

Roman

vgs
EGMONT

Bibliografische Information Der Deutschen Bibliothek
Die Deutsche Bibliothek verzeichnet diese Publikation in der Deutschen Nationalbibliografie; detaillierte bibliografische Daten sind im Internet über http://dnb.ddb.de abrufbar.

Der Roman »Gilmore Girls – Süße Sorgen«
von Sylvia Hartmann entstand auf Basis der gleichnamigen Fernsehserie
von Amy Sherman-Palladino, produziert von Warner Bros.,
ausgestrahlt bei VOX.

VGSC 4242

Redaktion: Sabine Arenz
Produktion: Susanne Beeh
Titelfoto: © 2006 Warner Bros.
Satz: Hans Winkens, Wegberg
Printed in Germany
ISBN 3-8025-3530-8
Ab 01.01.2007:
ISBN 978-3-8025-3530-7

www.vgs.de

1

»Das Leben ist einfach wunderbar«, schwärmte Mom und stellte das Autoradio lauter. Ich weiß nicht, woher sie ihre gute Laune nahm. Immerhin waren wir gerade auf dem Weg zum allfreitäglichen Pflichtabendessen bei meinen Großeltern, und normalerweise wirkte sich das eher negativ auf ihre Laune aus. Vielleicht lag es daran, dass sie verliebt war, oder es war einfach nur dieser Song der *Bangles*, den sie gerade im Radio spielten. Ich meine, es ist natürlich nicht so, dass ich Mom grundsätzlich widersprechen würde. Sie hatte Recht: Das Leben ist wunderbar. Nur eben nicht immer. Es gibt viele Dinge, die das Leben schön machen. Aber es gibt mindestens genauso viele, die es zur Hölle machen. Hundehaufen, in die man reintritt, zum Beispiel. Oder Flecken, die nicht mehr rausgehen. Und natürlich das Schlimmste überhaupt: Trauerfälle. Wir sollten in der nächsten Zeit gleich mit mehreren konfrontiert werden …

Der erste stand übrigens schon wenig später mitten auf Grandmas reich gedecktem Tisch, und meine Mutter deutete entsetzt mit dem Zeigefinger darauf. »Sagt mir, dass es nicht das ist, wonach es aussieht«, stieß sie hervor und verzog angewidert ihr hübsches Gesicht. Man musste kein Prophet sein, um zu erkennen, dass ihre gute Laune dahinschmolz wie Vanilleeis im Backofen. »Ist es etwa das, wofür ich es halte?«, fragte sie noch einmal und begutachtete die schleimige Masse, die sich wabernd auf dem silbernen Servierteller breit machte, noch etwas eingehender.

»Das sind *Escargots*«, erklärte meine Großmutter Emily pikiert.

»Also das, wonach es aussieht«, nickte Mom.

»Schnecken?«, fragte ich, und mein Gesicht nahm nun einen ähnlich entsetzten Ausdruck an wie das meiner Mutter Lorelai. Wir teilten unsere Abneigung gegen schleimiges Essen aller Art, genauso wie wir unsere Leidenschaft für Kaffee und Burger teilten. Ansonsten sind Mom und ich uns eigentlich nicht besonders ähnlich. Mom ist lebenslustig, sorglos und meistens in Feierlaune. Ich bin ehrgeizig, ernst und meistens nicht in Feierlaune. Mein größtes Ziel war damals ein guter Universitätsabschluss. Ich tat so ziemlich alles dafür, ihn zu bekommen, und Feiern gehörte nun einmal nicht dazu. Doch trotz der vielen Gegensätze verstehen Mom und ich uns prächtig. Man könnte sagen, wir sind richtig gute Freundinnen. Vielleicht liegt es daran, dass der Altersunterschied zwischen uns nicht allzu groß ist. Mom wurde mit mir schwanger, als sie gerade sechzehn war. Sie ging von zu Hause weg, brachte mich zur Welt und zog mich ganz alleine groß. Ich glaube, Grandma hat ihr das bis heute nicht verziehen. Jedenfalls ist das Verhältnis zwischen ihr und Mom nicht gerade das, was man gemeinhin als »warm« oder »harmonisch« bezeichnet. Im Gegenteil: Wenn Mom und Grandma aufeinander treffen, habe ich meistens das Gefühl, dass beide eine tickende Zeitbombe in sich tragen, die jeden Augenblick losgehen könnte.

»Keine Schnecken, *Escargots*«, erklärte Grandma gerade noch einmal, und mir war so, als hätte die Zeitbombe in ihrem Bauch gerade begonnen, ein wenig lauter zu ticken.

Mom nickte und hob beide Hände. »Egal, wie sie heißen mögen, sie sind schleimig«, erklärte sie und beschloss, auf gar keinen Fall auch nur das kleinste Häppchen dieser sogenannten Delikatesse anzurühren.

»Sie sind köstlich mit etwas Knoblauch«, meldete sich nun mein Großvater Richard zu Wort.

Grandma bedachte ihn mit einem dankbaren Blick. Es war nicht immer so, dass ihr Mann ihr zur Seite stand, wenn es um eine Auseinandersetzung mit ihrer gemeinsamen Tochter ging.

»Du musst sie kosten«, nuschelte Grandpa und ließ blitzschnell eines dieser schleimigen Dinger in seinem Mund verschwinden.

»Aber wenn ich es tue«, erwiderte Mom, »und als Hauptgang gibt's vielleicht 'n platt gefahrenes Tier, dann ist mein Bedarf an ekligem Fraß für heute mehr als gedeckt. Also halte ich mich zurück.«

Gegen diese Logik kam selbst Grandpa nicht mehr an. »Ich fürchte, *Escargots* kommen für unsere freitäglichen Essen nicht mehr in Frage«, stellte er resigniert fest.

»Sweetie aß immer gern *Escargots*«, warf Grandma beleidigt ein. Als niemand reagierte, nahm sie ihre blütenweiße Damastserviette zur Hand und tupfte sich ein paar imaginäre Tränen aus den Augenwinkeln. »Schon komisch, woran man sich so erinnert«, stieß sie gepresst hervor.

Mom und ich sahen uns an. Wir wussten, wir hatten keine Chance. »Sweetie?«, fragte Mom also brav nach.

»Wer ist das?«, kam ich ihr zu Hilfe.

»Sweetie Nelson. Eine meiner ältesten Freundinnen«, erklärte Grandma und schniefte. »Ah ja«, murmelte Mom und wandte sich wieder ihrem Teller zu, auf den sie gerade eine erstaunliche Menge Kartoffelpüree gehäuft hatte.

»Sie ist gestern von uns gegangen«, erklärte meine Großmutter leise und blickte zu Boden.

»Oh, das tut mir sehr Leid, Grandma«, wisperte ich, und

ich meinte es genauso, wie ich es gesagt hatte. Es musste furchtbar sein, die beste Freundin zu verlieren. »War sie krank?«, fragte ich mitfühlend.

»Sie war schon länger ziemlich krank, aber trotzdem …«

»Ihre Familie hat das sehr mitgenommen«, erklärte mein Großvater.

»Übrigens, Davis hat vorhin angerufen. Die Beisetzung findet am Sonntag statt«, teilte Emily ihm mit.

Mom, die gerade Kartoffelpüree in sich hineinschaufelte, als sei sie kurz vor dem Verhungern, hielt einen Augenblick inne und sah auf. »War das ihr richtiger Name? Sweetie?«, fragte sie. Sie fragte es mit ziemlich vollem Mund, was von Emily mit einer hochgezogenen Augenbraue quittiert wurde. Meine Großmutter achtete stets streng auf Etikette. Man könnte beinahe sagen, sie war die Etikette selbst. Mit vollem Mund zu sprechen war in ihren Augen ein Vergehen, das in etwa mit Mord oder Totschlag vergleichbar war. Irgendwie schaffte sie es heute Abend trotzdem, sich eine Bemerkung zu verkneifen, und sie beschränkte sich darauf, Lorelais Frage zu beantworten. »Sie hieß in Wirklichkeit Melinda«, erklärte sie. »Sweetie war ihr Spitzname.«

»Wieso?«, fragte Mom, dieses Mal sicherheitshalber ohne ein halbes Kilo Kartoffelpüree zwischen den Zähnen.

»Was heißt wieso?«

»Wie kommt man ausgerechnet auf ›Sweetie‹ für Melinda?«

»Das ist keine Ableitung von Melinda. ›Sweetie‹ ist ein Kosename.«

Mom rollte ihre Augen gen Himmel. »Ich weiß, dass ›Sweetie‹ ein Kosename ist«, erklärte sie entnervt. »Doch für gewöhnlich leitet man den von einem richtigen Namen ab. Und oft gibt's auch ne Geschichte oder so was.«

»Sie war süß. Das ist die Geschichte«, raunzte Emily,

tupfte sich den Mund mit der Serviette ab und legte sie fein säuberlich neben ihren Teller.

»Okay«, gab Mom sich zufrieden. Offenbar hatte Emily nicht die Absicht, mehr über ihre Freundin Sweetie zu erzählen, und Mom beschloss, nicht weiter nachzufragen. Sie wollte ohnehin bald aufbrechen. Eine lange Geschichte würde den Abend, der schon wegen der Schnecken –, Verzeihung *Escargots* – angespannt begonnen hatte, nur unnötig lange hinauszögern. Doch sie hatte die Rechnung ohne Emily gemacht.

»Was für eine Geschichte wolltest du hören, Lorelai?«, fragte sie plötzlich kühl.

»Schon gut. Sie war süß, also nannte man sie ›Sweetie‹«, winkte Mom ab. »Ist ne schöne Geschichte.«

»Nein, ich wüsste es wirklich gern. Was für eine Geschichte über meine jüngst verstorbene Freundin würde dich amüsieren?«

Ich konnte mir nicht helfen, aber gerade glaubte ich wieder, ein sehr deutliches Ticken aus Grandmas Richtung zu vernehmen.

»Mom, es geht nicht darum, dass ich mich amüsiere …«, erklärte Lorelai verzweifelt.

»Na schön«, sagte Emily und holte tief Luft. »Hier hast du deine Geschichte: Sweeties Vater war ein schrecklich armer Mann. So arm, dass Sweetie und ihre vier Geschwister in einem ausgehöhlten Baum schlafen mussten, weil im Haus gerade mal genug Platz für die Eltern war. Einmal gab es im Winter nichts zu essen. Sweetie kroch aus ihrem Baumloch, wickelte sich Zeitungspapier um die Füße, stapfte vierzig Meilen durch den Schnee bis zur nächsten Stadt und taumelte dort in einen Süßwarenladen. Der Besitzer hatte Mitleid mit ihr, gab ihr Tüten voller Süßigkeiten und eine Gewürzgurke und fuhr sie wieder zu ihrer Familie zurück. Er bot ihrem Vater auf der Stelle einen Job an, den dieser nur zu gern akzeptierte. Irgendwann kaufte der Vater den Laden und legte so den Grundstein zu einem der größten Süßwaren-Imperien der Welt. Und deswegen erhielt sie ihren Kosenamen ›Sweetie‹.« Grandma lehnte sich zurück, verschränkte die Arme vor der Brust und blickte erwartungsvoll in die Runde. »So, wie war das?«, fragte sie gespannt.

»Das war eine ziemlich gute Geschichte«, nickte Mom anerkennend.

Grandma lächelte zufrieden, und Mom und ich taten es ihr gleich. Das war gerade noch einmal gut gegangen. Der obligatorische Streit war abgewendet, und die Geschichte war wirklich nicht übel gewesen. Ich seufzte erleichtert, denn ich hasste es, wenn Mom und Grandma stritten. Nun schien es doch noch ein harmonischer Abend zu werden.

»Äh, Verzeihung, Emily, sagtest du, die Beisetzung sei Sonntag?«, fragte Grandpa plötzlich und fuhr sich nervös durch sein grau meliertes Haar.

Ich hatte mich wohl zu früh gefreut.

»Ja. Ist das ein Problem?«, fragte Grandma.

Natürlich war es ein Problem. Seit Grandpa sich mit seiner Versicherungsfirma selbstständig gemacht hatte, war er immer im Dienst. Selbst am Wochenende hatte er oft jede Menge Termine. Und genauso war es auch dieses Mal. »Nun, Mister Hamoto ist in der Stadt«, erklärte er zögernd. »Jason will mit ihm Golf spielen, und danach wollen wir alle zusammen essen. Ähm, wann ist noch mal der Gottesdienst?«

»Um zwölf.«

»Um zwölf Uhr. Ich fürchte, das wird sehr eng. Und wie wichtig ist es, dass ich der Beerdigung beiwohne?«

»Ach, überhaupt nicht wichtig«, winkte Grandma ab.

Mir blieb der Mund offen stehen. Offenbar hatte sie heute wirklich einen verdammt guten Tag.

Richard sah das wohl genauso. Die Erleichterung stand ihm förmlich ins Gesicht geschrieben. »Na, wunderbar«, lächelte er. »Würdest du ihnen mein Beileid ausrichten?«

»Aber sicher«, nickte Grandma. »Iss jetzt bitte.«

»Uaaahhhh!«, kreischte Mom plötzlich auf und deutete entsetzt auf den Teller mit den *Escargots*. »Mann, ich glaub, eine von denen lebt noch«, erklärte sie entsetzt.

Ich seufzte. Sie konnte es einfach nicht lassen.

»Lorelai«, ermahnte Grandma sie entnervt.

»Doch, ehrlich.« Mom hüpfte auf ihrem Stuhl auf und ab wie ein Gummiball. »Sie ist gerade vor fünf Minuten an dem Rettich da vorbeigeschlichen.«

Wie immer war das Wochenende viel zu schnell vergangen. Am Montagmorgen fuhr ich zurück nach Yale. In der Woche bewohnte ich hier zusammen mit meiner Freundin Paris ein kleines Wohnheimzimmer. Die Wochenenden verbrachte ich immer noch in unserem kleinen verschlafenen Nest Stars Hollow. Nicht wegen des verschlafenen Nests, obwohl ich meine beste Freundin Lane und den Kaffee in Lukes Bar schon sehr vermisste. Doch vor allem fuhr ich wegen Mom nach Stars Hollow. Wir hatten uns noch immer nicht daran gewöhnt, dass wir nun nicht mehr zusammen wohnten. Zum Glück hatten wir beide immer so viel um die Ohren, dass wir unseren Trennungsschmerz zuweilen vergaßen. Im *Dragonfly Inn*, dem kleinen Hotel, das Mom seit einiger Zeit gemeinsam mit ihrer Freundin Sookie führte, ging es immer drunter und drüber, und meistens wusste sie nicht, wo ihr der Kopf stand. Und ich wusste nicht, wo mir der Kopf stand, seit ich als Redakteurin bei der Universitätszeitung *Yale Daily News* arbeitete. Nicht, dass ich der Arbeit dort nicht gewachsen war. Im Gegenteil, ich schrieb gern, und eigentlich machte der Job mir Spaß. Eigentlich. Wenn nur Doyle nicht gewesen wäre. Doyle war der Chefredakteur und Chefcholeriker unserer kleinen Zeitung. Ich arbeitete seit ein paar Wochen in der Redaktion, und während dieser Zeit hatte ich ihn noch nie lachen, aber bestimmt schon hundertmal ausrasten sehen. Und gleich würde er es wieder tun. Er hatte sich neben meinem Schreibtisch aufgebaut, die Hände in die Hüften gestemmt und wutentbrannt etwas von »geklaut« und »Plagiat« gefaselt. Ich brauchte eine Weile, um herauszufinden, dass er von meinem, wie ich finde, brillanten Artikel über Yales Nachtleben sprach.

»Das ist doch ein Scherz«, sagte ich wütend. »Wieso Plagiat?«

»Ich scherze nie«, blaffte Doyle.

Richtig, das hatte ich in der Hektik ganz vergessen.

»Es ist kein Plagiat, klar?«, rief ich sauer. Das war eine infame Unterstellung. Ich hatte noch nie irgendwo abgeschrieben. Das hatte ich überhaupt nicht nötig. »Jedes einzelne Wort in meinem Artikel stammt von mir«, beharrte ich.

»Wirklich?« Doyle zog die Augenbrauen hoch. »Hör dir das an: ›Eine winzige Anhängerschaft‹, ›der regennasse Highway‹ – ich habe beides schon mal gelesen.«

»Aber sicher hast du es schon mal gelesen«, stöhnte ich verzweifelt auf. »Das sind die Wendungen, die jeder benutzt, wenn von ›einer winzigen Anhängerschaft‹ oder von einem ›regennassen Highway‹ die Rede ist.«

»Darum geht es nicht!«, brüllte Doyle.

»Worum geht es dann?«, brüllte ich zurück.

»Das Berufsethos von uns Journalisten steht auf dem Prüfstand!«, verkündete er feierlich.

Resigniert ließ ich meinen Kopf auf die Tischplatte sinken. Der Typ hatte sie doch nicht mehr alle.

»Wir dürfen nichts drucken, was auch nur unseriös scheint«, fuhr Doyle fort. »Und ich will auch nicht in einem Film über den Skandal bei der *Yale Daily News* von Toby Maguire gespielt werden.«

Ich schloss entsetzt die Augen. Hatte er das wirklich gerade gesagt? Ich brauchte etwa drei Sekunden, um mich wieder zu fangen. »Okay, das verstehe ich«, log ich. »Aber ich finde, mein ›regennasser Highway‹ klingt nicht unseriös.«

Doyle schüttelte erbost den Kopf. »Typisch«, schimpfte er. »Es ist diese Haltung.«

»Was denn für eine Haltung?«

»Guck dich doch mal hier um.«

Ich sah mich um, konnte aber nichts Ungewöhnliches entdecken.

»Alle schreiben Semesterarbeiten an unseren Computern und kopieren Telefonrechnungen mit unseren Kopierern«, half Doyle mir auf die Sprünge. »Niemand rennt durch die Gegend oder schwitzt. Jeder hier macht einen absolut ruhigen und frischen Eindruck. Keiner hier prüft die Rechtschreibung oder recherchiert.« Doyles Gesicht nahm einen besorgten Zug an. »So ein Klima bringt den nächsten Skandal hervor«, prophezeite er düster. Er klopfte mir gönnerhaft auf die Schulter. »Also, mach's besser! Und räum deinen Schreibtisch auf!« Mit diesen Worten machte er auf dem Absatz kehrt und stiefelte erhobenen Hauptes davon.

Ich stützte meinen Kopf in beide Hände und seufzte. Wieso hatte ich mich hier doch gleich freiwillig als Redakteurin gemeldet? Mir fiel im Augenblick nicht ein einziger triftiger Grund ein, aber vielleicht wenn ich noch einmal ganz scharf nachdachte...? Ich kam nicht mehr dazu, scharf nachzudenken, denn plötzlich bewegte sich etwas Großes, Dickes rechts neben mir. Ich wandte meinen Kopf zur Seite und blickte direkt in Glenns pickliges Gesicht.

»Mein Monat ist um«, hörte ich ihn triumphierend sagen.

»Was?«, fragte ich verwirrt.

»Du bist der neue Hund, den er treten kann«, erklärte mir mein rothaariger Kommilitone und strich sich über seinen Bierbauch. »Ich habe ein schlechtes Gewissen, weil du offenbar ein anständiger Mensch bist. Aber ich habe diesen Monat so oft was auf die Nase bekommen, dass ich schon fast meine Mutter vermisse.«

Ich nickte, dachte, dass ich meine Mutter auch vermisste, und machte mich wieder an die Arbeit.

Am Abend kam es noch schlimmer. Mom rief mich an. Das an sich war natürlich nichts Schlimmes. Im Gegenteil. Ich freute mich und begann, ihr mein Herz auszuschütten, wie ich es immer tat, wenn ich einen miesen Tag gehabt hatte. Normalerweise hörte Mom mir geduldig zu, doch heute war es anders. Sie versuchte, mich zu unterbrechen, kaum hatte ich die ersten drei Sätze gesprochen. Ich dachte, dass das eigentlich nur eins bedeuten konnte: Sie hatte mir etwas sehr Wichtiges zu sagen. Ich unterbrach also meinen Redeschwall und wartete gespannt darauf, was das war.

»Deine Urgroßmutter ist gestorben«, erklärte Mom sofort ohne Umschweife, und ihre Stimme nahm einen traurigen Klang an, als sie mir berichtete, dass die alte Dame in der letzten Nacht ganz plötzlich einem Herzinfarkt erlegen war.

Ich hatte meine Urgroßmutter erst kürzlich zum ersten Mal gesehen. Ich kannte sie also kaum. Trotzdem war ich geschockt. Ich dachte an Großvater. Ich wusste, wie sehr er an seiner Mutter gehangen hatte. Es musste schrecklich für ihn sein, sie jetzt so plötzlich zu verlieren. »Wie geht es Grandpa?«, fragte ich also besorgt.

Was Mom mir über ihn berichtete, klang gelinde gesagt

Besorgnis erregend. Richard hatte den ganzen Vormittag etwas von »falscher Krötensuppe« gefaselt – vielleicht ein Spezialgericht seiner Mutter –, um sich dann mit einer Flasche Scotch in sein Büro einzuschließen und den ganzen Tag nicht mehr aufzutauchen.

»Oh!« Mehr brachte ich erst einmal nicht hervor, nachdem ich das gehört hatte. »Kann ich irgendwas tun?«, fragte ich schließlich.

»Nein, es gibt für dich eigentlich nichts zu tun«, erklärte Mom.

»Ich habe sie nur einmal getroffen«, sagte ich unglücklich.

»Ich denke, du hast einen halbwegs guten Einblick bekommen«, tröstete mich Mom.

Sie hatte Recht. Trotzdem – ich wünschte, ich hätte meine Urgroßmutter besser kennen gelernt.

2

Emily war voll in ihrem Element. Es hatte sich herausgestellt, dass meine Urgroßmutter genaueste Anweisungen bezüglich ihrer Beisetzung hinterlassen hatte, und Richard zuliebe tat Grandma alles, um sie haarklein zu befolgen. Sie telefonierte, arrangierte und plante, bis sie völlig erschöpft war. Der Pfarrer, den Urgroßmutter bestimmt hatte, lebte längst nicht mehr. Gleiches galt für den Blumenhändler und einen der Sargträger. Zum Glück war es Emily gelungen, die Söhne der drei Verstorbenen auszumachen, die, schenkte man ihrer Aussage Glauben, ihren Vätern wie aus dem Gesicht geschnitten waren. Alle drei hatten sich bereit erklärt einzuspringen. Trotzdem gab es noch wahnsinnig viel zu tun. Grannys Haus musste ausgeräumt, Papiere gesichtet und sortiert werden. Nachdem Emily Grannys Keller inspiziert und dort einen wuchtigen dunklen Eichenschreibtisch voller unsortierter Papiere entdeckt hatte, nahm sie endlich Lorelais Angebot an und ließ sich von ihr helfen.

Mom und Grandma trafen sich in Grannys altem Keller und machten sich daran, besagten Schreibtisch leer zu räumen. Nachdem sie alles, was auf dem Tisch lag, sortiert und abgeheftet hatten, kamen die Schubladen an die Reihe. Mom zog die erste auf, nahm den Stapel Papiere, der darin lag, heraus und knallte ihn mit voller Wucht auf die Tischplatte.

Obenauf lag ein Dokument, das wichtig aussah. Sie nahm es zur Hand und betrachtete es mit fachmännischem Gesichtsausdruck. »Eine Hausversicherungspolice«, murmelte sie.

»Gut, gib sie mir«, sagte Grandma und streckte die Hand in Richtung Mom aus, ohne aufzublicken. Emily hatte sich mit Ordnern, Tackern und Lochern bewaffnet und sich an einen kleinen Holztisch gleich neben Grannys Schreibtisch platziert.

Mom reichte ihr die Police und nahm das nächste Papier in die Hand. »Scheint ein Kontoauszug zu sein!«

»Her damit«, verlangte Grandma.

»Hör zu, Mom, ehrlich, ich kann mehr tun als nur Handlangerdienste«, protestierte Lorelai. Seit sie hier unten saß, hatte sie nichts anderes getan, als ihrer Mutter Papiere anzureichen.

Grandma schüttelte energisch den Kopf. »Nein, schon gut. Ich habe ein System«, erklärte sie entschlossen.

Mom seufzte. Emily hatte sich in den Kopf gesetzt, sich nichts, aber auch gar nichts aus der Hand nehmen zu lassen, was im Zusammenhang mit Grannys Tod stand. Sie wollte das alles ganz allein meistern.

»Klar, du denkst, ich kann mich nicht an dein System halten«, maulte Mom schlecht gelaunt. »Aber das kann ich. Ich habe nicht die Absicht, das System kaputtzumachen. Erklär mir einfach, wie du es gern hättest.«

»Los, reich mir die Papiere«, blaffte Emily. »Wir haben noch eine Menge zu tun.«

Lorelai sah sich in Grannys Keller um. Emily hatte Recht. Überall auf dem Boden lagen uralte Ordner herum, vergilbte Papiere stapelten sich auf dem deckenhohen Regal an der Wand. Wenn sie das alles noch durchsehen wollten, mussten sie sich ranhalten, und Mom beschloss, unter diesen

Umständen darauf zu verzichten, noch länger mit Grandma zu diskutieren. Sie reichte ihr stumm das nächste Dokument. Grandma nahm es, lochte es und heftete es irgendwo ab. »Habe ich dir schon von der Klausel bezüglich der Einäscherung und Beisetzung erzählt?«, fragte sie, während sie ein weiteres Papier unter die Lupe nahm.

Lorelai schüttelte den Kopf, während sie in einer der unteren Schubladen wühlte.

»Deine Großmutter möchte im offenen Sarg gezeigt werden, in all ihrer Pracht und Herrlichkeit«, erklärte Grandma sarkastisch. »Danach erfolgt dann die Verbrennung, und dann will sie, dass man ihre Asche aufteilt.«

Mom blickte irritiert auf.

»Eine Hälfte wird in der Familiengruft neben ihrem Mann beigesetzt, und die andere bekommt einen Ehrenplatz in einer Urne auf unserem Kamin.«

Lorelai sah Grandma ungläubig an. »Eine Hälfte von Gran soll für immer auf eurem Kamin bleiben?«

»Jawohl!«, nickte Grandma. »Und sie kann mich von dort anstarren, verurteilen und missbilligen«, erklärte sie sauer.

»Dann ist es wohl ihre obere Hälfte«, schloss Mom.

Grandma seufzte. »Als ich davon erfuhr, dachte ich, mir bleibt das Herz stehen. Aber ich habe es akzeptiert. Von nun an haben wir einen Dreipersonenhaushalt: Dein Vater, ich und die Urne.«

Mom musste grinsen. Sie konnte sich nicht helfen, aber die Vorstellung, dass Granny von nun an jeden Schritt, den Emily tat, vom Kaminsims aus beobachtete, war trotz aller traurigen Umstände amüsant. Doch dann wurde sie plötzlich wieder ernst. »Weißt du, das ist verrückt«, erklärte sie stirnrunzelnd. »Ich weiß nur ganz wenig über Gran. Ein Beispiel nur: Wie war ihr Mädchenname?«

»Gilmore«, erwiderte Emily knapp.

»Nein, nein, der Mädchenname.«

»Gilmore.«

»Warte!« Mom dachte einen Augenblick nach. »Sie hieß mit Mädchennamen Gilmore, so wie wir?« Sie schluckte. »S-s-s-soll das heißen …«

»Ihr Mann Charles war ihr Cousin zweiten Grades«, half Grandma ihr auf die Sprünge.

»Uahhh!«, krächzte Mom entsetzt. »Wie bitte?«

»Ach, nun tu doch nicht so entrüstet. Es war früher durchaus nicht ungewöhnlich, dass bedeutende Familien auf eine reine Blutlinie achteten.«

»Auf eine reine Blutlinie? Ach, so nennt man das!« Mom war ehrlich entsetzt.

»Wie würdest du es denn nennen?«

»Keine Ahnung. Wie wär's mit: ›Guten Morgen, Freunde. Ich hab ne verdammt süße Schwester und drei zusätzliche Zehen‹?«

Grandma winkte ab. »Wir haben alle nur zehn Zehen«, erklärte sie leichthin. Offenbar fand sie es völlig normal, dass ihr Ehemann ein Inzestprodukt war.

»Ich habe zwei Gelenke am Daumen«, erinnerte sich Mom entsetzt und begutachtete eingehend ihre Finger, um ganz sicher auszuschließen, dass sie noch weitere Besonderheiten aufwiesen.

»Oh, bemerkenswert. Nutz ihn, um mir endlich mehr Papiere zu reichen«, bat Grandma sie entnervt.

Mom schüttelte den Kopf. Sie verstand einfach nicht, wie man das normal finden konnte. Aber sie sah ein, dass es keinen Zweck hatte, sich in Gegenwart ihrer Mutter weiter in dieses Thema zu vertiefen. Also wandte sie sich wieder ihrem Stapel Papiere zu und reichte Emily einen kleinen, verschlossenen Umschlag.

Emily nahm ihn, öffnete ihn und zog ein dünnes pergamentartiges Blatt daraus hervor. Sie rückte ihre Lesebrille zurecht und betrachtete es stirnrunzelnd. »Es scheint der Durchschlag eines Briefes zu sein, den sie an deinen Vater geschrieben hat«, murmelte sie.

»Oh. Na, ist doch nett.«

»Finde ich auch«, sagte Emily und begann, laut vorzulesen. »Mein guter Richard, heute muss ich dir diesen Brief schreiben, wenn auch schweren Herzens.« Grandma schluckte und las weiter. »Aber ich kann nicht untätig mit ansehen, wie du einen schlimmen Fehler begehst. Die ganze Zeit hatte ich gedacht, gehofft, gebetet, dass du zu demselben Schluss kommen würdest wie ich. Aber das ist nicht der Fall, deswegen sieh es als meine Pflicht als deine Mutter an, dich zu bitten, dass du die bevorstehende Hochzeit noch einmal überdenkst.«

Mom runzelte die Stirn. Welche Hochzeit konnte gemeint sein?

»Ich nehme an, Emily ist die geeignete Ehefrau für irgendeinen Mann, aber nicht für dich.«

Lorelai hielt die Luft an. Hatte Granny das wirklich geschrieben?

Emily schluckte, las dann aber unbeirrt weiter. »Sie wird es wohl kaum jemals schaffen, dich glücklich zu machen. Sie besitzt weder das Durchhaltevermögen der Gilmores noch deren Esprit. Sie ist nun mal keine Gilmore.«

»Wie auch. Du bist ja nicht blutsverwandt mit ihm«, erklärte Mom sarkastisch.

»Ich kenne nicht die Umstände deiner damaligen Trennung von Pennilyn Lott«, las Emily tapfer weiter, doch ihr Atem ging plötzlich schwer. »Aber ich bin nach wie vor davon überzeugt, dass sie besser zu dir gepasst hätte als Emily.« Grandma stöhnte entrüstet auf. Mom sah, dass ihre Hand ganz leicht zu zittern begonnen hatte.

»Ich weiß, der Zeitpunkt für diesen Brief ist ungünstig gewählt, da die Hochzeit schon morgen stattfinden soll«, las sie, »aber dein Glück liegt mir viel zu sehr am Herzen, also zum Teufel mit dem Zeitpunkt.«

»Das gibt es doch nicht«, wisperte Mom fassungslos. »Sie wollte, dass Dad dich vor dem Altar sitzen lässt.«

»Sie fleht ihn in dem Brief an, mich sitzen zu lassen«, korrigierte Grandma sie. »Sie hat ihn schriftlich darum gebeten und den Durchschlag aufgehoben.«

»Das ist wirklich ein Ding. Kann ich das mal sehen?« Mom nahm den Brief und begann ihn ungläubig noch einmal zu lesen.

»Ich glaube das einfach nicht!«, schnaubte Grandma und schlug wütend mit der Faust auf ihren kleinen Holztisch, der unter der Wucht beinahe zusammenbrach. »Ich sitze hier in ihrem voll gestopften Keller, bin von oben bis unten mit Staub bedeckt und muss ihren Haushalt auflösen und ihre Sachen katalogisieren. Ich habe tagelang am Telefon gehangen und versucht, alles genau so zu machen, wie sie es sich gewünscht hat. Und dann stelle ich fest, dass sie mich niemals in der Familie haben wollte, sondern stattdessen Pennilyn Lott!«

Pennilyn Lott war für Grandma von jeher ein rotes Tuch gewesen. Immerhin war sie sozusagen ihre Vorgängerin, was an sich schon schlimm genug war. Aber es kam noch besser: Vor nicht allzu langer Zeit hatte Grandma herausgefunden, dass Richard sich in schönster Regelmäßigkeit einmal im Jahr heimlich mit einer Frau getroffen hatte. Und diese Frau war niemand anderes als Pennilyn Lott gewesen. Ich dachte immer, wenn man so alt ist wie meine Großeltern, spielt Eifersucht keine Rolle mehr in einer Beziehung, doch ich hatte mich gründlich getäuscht. Grandma hatte getobt wie ein wild gewordener Affe und tagelang kein Wort mit

Grandpa gesprochen. Inzwischen hatten sich die beiden längst wieder versöhnt, doch niemand aus unserer Familie hat sich je wieder getraut, den Namen »Pennilyn Lott« auch nur auszusprechen.

Mom war immer noch in den Brief vertieft. »Mann, da stehen ja Ausrufezeichen in rauen Mengen«, murmelte sie.

»Meinetwegen. Dann ist es eben so«, erklärte Emily und erhob sich abrupt von ihrem Stuhl. »Ich bin jetzt hier fertig.«

»Echt?«, fragte Lorelai und warf irritiert einen Blick auf den riesigen Papierstapel, der vor ihr auf dem Schreibtisch lag.

»Ich hab's satt, zu planen, herumzurennen und Leute anzurufen. Ich mache nichts mehr, was mit dieser Frau zu tun hat.«

»Nichts mehr?«, stammelte Mom ungläubig. »Aber Dad …«

»…war wegen Golf nicht auf der Beerdigung meiner besten Freundin. So ist dein Dad«, schnaubte Emily und rauschte hinaus.

Lorelai rannte hinter ihr her. Sie hatte Mühe, mit ihrer Mutter Schritt zu halten. »Aber wer plant jetzt ihre Beisetzung?«, rief sie verzweifelt.

Grandma machte einen Augenblick Halt, drehte sich um und blitzte Mom erbost an. »Wirf sie einfach in eine Kiste, und das war's«, schlug sie vor. »Oder noch besser, wirf die alte Blutsaugerin in einen Straßengraben. Sollen die Wölfe sie fressen!«

»Okay, aber, äh, das mit dem Wolf und dem Straßengraben muss geplant werden!«, rief Mom verzweifelt.

Tja, Mom war zu guter Letzt nichts anderes übrig geblieben, als die Organisation der Beerdigung selbst in die Hand zu nehmen. Ich beschloss, nach Hause zu fahren, um ihr zu helfen. Ich hatte zunächst die Hoffnung, Grandma doch noch überzeugen zu können, uns zu unterstützen, doch ich begriff schnell, dass wir keine Chance hatten. Sie erwies sich in den nächsten Tagen als Totalausfall. Nun ja, ich kann es ihr nicht verdenken. Der Brief war schon ein Hammer. Richtig grausam. Ich fragte mich, warum Urgroßmutter diese Kopie aufbewahrt hatte. Wollte sie, dass Grandma sie eines Tages entdeckte? Nein, das wäre einfach zu gemein gewesen, und ich weigerte mich, zu glauben, dass jemand, mit dem ich verwandt war, so gemein sein konnte. Sie war Grandpas Mutter, und ich glaubte, dass sie schon allein deshalb ein guter Mensch gewesen sein musste.

Grandpa jedenfalls war davon fest überzeugt, und als er einen Nachruf ihrer alten Freunde und Weggefährten in der Zeitung las, war er außer sich. Mom und ich verstanden nicht ganz, warum, denn eigentlich handelte es sich um eine angemessene, ganz normale Anzeige. Doch »normal« reichte in Grandpas Augen bei weitem nicht, und er bestand auf einem weiteren, von uns verfassten Nachruf, der Granny und ihrem Leben würdig war. Ich meldete mich freiwillig, diese Aufgabe zu übernehmen. In Yale hatte ich Zugriff auf eine Datenbank, die mir das Recherchieren vereinfachen würde. Außerdem würde ich so sicher herausfinden, ob meine Urgroßmutter wirklich ein guter Mensch war. Mom und Grandpa waren einverstanden.

Während ich mich also auf den Weg zurück nach Yale machte, stattete Mom meinen Großeltern einen Besuch ab. Sie war besorgt und wollte nach ihnen sehen. Schließlich hatten beide kurz zuvor einen ziemlich schweren Schock erlitten. Als Mom das Haus betrat, stellte sie fest, dass sie ihn noch längst nicht überwunden hatten. Es war bereits Nachmittag, und trotzdem schien Grandma bis jetzt nicht die Zeit gefunden zu haben, sich anzukleiden. Mom fand sie auf dem Sofa vor, im Morgenmantel und, ihrer schweren Zunge nach zu urteilen, mit dem zwanzigsten Gin Tonic des Tages in der Hand. Mom sah sich um. So hatte es in Grandmas Wohnzimmer noch nie ausgesehen. Auf dem Fußboden hatte sich ein Meer von Beileidsbekundungen und Blumensträußen angesammelt, und niemand schien es als seine Aufgabe zu betrachten, sie an einen geeigneteren Platz als auf dem Fußboden zu verstauen. Auf dem großen Esstisch stapelte sich benutztes Geschirr, die Vorhänge waren zugezogen, und nachdem meine Mutter ein paar Mal tief eingeatmet hatte, kam sie zu dem Schluss, dass seit längerem nicht gelüftet worden war.

»Wo ist das Mädchen?«, fragte Mom stirnrunzelnd in Richtung Sofa.

»Ich habe Tilda heute freigegeben«, lallte Grandma. »Hier ist doch sowieso nichts los.«

»Mom, was geht hier vor?«, fragte Lorelai besorgt. Emily kam nicht mehr dazu, zu antworten, denn im nächsten Moment klingelte es an der Haustür.

»Kannst du mal gehen?«, fragte Grandma. Offenbar hatte sie nicht vor, sich heute auch nur einen Zentimeter von ihrem Sofa wegzubewegen. »Und wenn du an der Bar vorbeikommst, bring mir bitte einen Drink mit!«

Mom schüttelte seufzend den Kopf und ging hinaus, um die Tür zu öffnen. Sie staunte nicht schlecht, als sie sah, wer da geklingelt hatte. Vor ihr stand Jason. Jason war nicht nur Grandpas Geschäftspartner, sondern auch Moms aktueller Lebenspartner. Die beiden hatten sich vor einiger Zeit über Grandpa kennen gelernt, verliebt und waren ein Paar geworden. Das alles war bereits vor ein paar Monaten passiert. Trotzdem haben sie es bis heute nicht fertig gebracht, diese

Beziehung offiziell zu machen. Weder Grandpa und Grandma noch Jasons Eltern ahnten auch nur im Entferntesten, dass sie zusammen waren.

»Hi, Jason«, sagte Mom, drückte ihm einen flüchtigen Kuss auf die Wange und sah sich schnell um, um sicher zu gehen, dass niemand es gesehen hatte. »Was machst du denn hier?«

Jason antwortete nicht. »Und, wie kommen deine Eltern damit klar?«, fragte er stattdessen mitfühlend.

»Tja, weißt du«, erwiderte Lorelai zögernd. »Dad geht's mies, und Mom fängt bald in einer Trucker-Kneipe als Barfrau an.«

»Und du? Geht's dir halbwegs gut?«

»Ja, na klar. Danke, dass du fragst.«

»Na ja, deswegen bin ich doch hier«, sagte Jason und strich ihr einmal kurz über die Wange.

»Ehrlich?«, fragte Mom dankbar.

»Nein. Dein Vater muss noch einige Dokumente unterschreiben.«

Mom nickte. So etwas Ähnliches hatte sie sich schon gedacht. Sie führte Jason ins Wohnzimmer.

Grandma lag noch immer auf dem Sofa und trank.

»Wo ist Dad?«, fragte Lorelai sie.

»Verdammt, woher soll ich das wissen?«, lallte Emily entnervt.

Jason blickte irritiert von einer zur anderen. »Mann, sie ist ja richtig wütend«, wisperte er Mom verwirrt zu.

Lorelai nickte, verzichtete aber aus Zeitgründen auf eine lange Erklärung. »Dad ist in seinem Arbeitszimmer, schätze ich«, erklärte sie schnell.

»Okay. Danke.« Jason machte sich auf den Weg zu ihm, doch bis in sein Büro kam er nicht. Grandpa kam ihm im Flur entgegen. Er trug einen Pyjama und einen Bademantel, und sein Zustand schien noch schlechter zu sein als der seiner Frau. Als er Jason sah, stürzte er auf ihn zu, umarmte ihn fest und begann zu schluchzen. Hilflos erwiderte Jason die Umarmung. Irgendwann, ihm war es vorgekommen, als seien Stunden vergangen, versuchte er, sich aus der Umklammerung zu befreien, doch Grandpa dachte nicht daran, seinen Partner loszulassen. Er umarmte ihn noch fester und schluchzte noch lauter. Hilflos ließ Jason es mit sich geschehen. Er stöhnte und wünschte sich in diesem Moment sehnlichst, er hätte die Sache mit den Unterschriften auf einen späteren Zeitpunkt verschoben.

»Oh, Jason«, heulte Grandpa irgendwann auf.

»Richard, es, ähm, es tut mir so Leid zu hören«, stammelte er steif.

Lorelai war Richard gefolgt, nachdem sie Schluchzlaute aus dem Flur vernommen hatte. Sie hatte die Szene zwischen ihrem Freund und Grandpa eine Weile beobachtet, es dann aber vorgezogen, schleunigst ins Wohnzimmer zurückzukehren – auch auf die Gefahr hin, dass der Anblick ihrer Mutter nicht wesentlich besser war als der, der sich ihr in der Diele bot.

Lorelai sah sich seufzend um. »Weißt du was?«, sagte sie zu ihrer Mutter. »Ich werde die Blumensträuße wegräumen.«

»Wie du willst«, erwiderte Emily gleichgültig, nahm einen großen Schluck aus ihrem Glas und rülpste herzhaft. »Tschuldigung«, nuschelte sie und streckte sich wieder lang auf dem Sofa aus.

Lorelai begann sich ernsthafte Sorgen um sie zu machen. Dieses rülpsende Etwas da auf dem Sofa war nicht ihre Mutter, und so sehr sie sie auch manchmal mit ihrer »feinen« Art nervte, jetzt wünschte sie sich die alte Emily zurück.

»Und dann fange ich am besten mit den Dankesbriefen an«, erklärte Mom.

»Bitte. Hol dir einen Notizblock aus der Küche«, erwiderte Grandma ungerührt. Offenbar dachte sie noch immer nicht daran, auch nur einen Finger für diese Beerdigung zu rühren.

Lorelai ließ es sich trotzdem nicht nehmen, noch einen letzten Versuch zu starten. »Mom, äh, ich weiß, du bist zutiefst verletzt«, begann sie und bemühte sich dabei, möglichst einfühlsam zu klingen. »Es ist ein fürchterlicher Brief, aber denk daran: Hier gibt es noch einiges zu tun.«

»Ich weiß. Du hast Recht«, erwiderte Emily, und Lorelai sah sie erstaunt an. Hatte Grandma sich tatsächlich gerade von ihr umstimmen lassen? »Hör zu, ich habe da eine Idee«, fuhr sie fort. »Ruf doch einfach Pennilyn Lott an. Soll sie die Beisetzung planen.«

Okay, sie hatte sich also nicht umstimmen lassen. »Mom …«, rief Lorelai verzweifelt.

»Sie müsste sie doch im Grunde sowieso planen, also soll sie es gefälligst auch tun.«

Lorelai stöhnte auf und zweifelte plötzlich daran, dass Emily jemals über diesen Brief hinwegkommen würde. Ihre Mutter war völlig von der Rolle.

Plötzlich stand jemand im Wohnzimmer, dem es offensichtlich ganz ähnlich erging: Jason. Er sah Mom an, und sein Blick verriet, dass er verwirrt und sehr aufgewühlt war. »Hast du die Umarmung gesehen?«, fragte er tonlos.

»Ja, klar habe ich sie gesehen«, nickte Lorelai.

»Das ging endlos.«

»Ich weiß.«

»Es … es war eine Umarmung ohne Ende«, stammelte Jason. »Und er trug einen Bademantel.«

»Ja. Offenbar laufen hier bald alle in Bademänteln rum«, bemerkte Mom trocken.

»Und geweint hat er auch. Ich bin wirklich eine Niete,

wenn es darum geht, Leute zu trösten. Dann gebe ich unpassenden Schwachsinn von mir, zum Beispiel schlechte Witze, in denen Sachen wie ›scheiß drauf‹ vorkommen«, erklärte er verzweifelt.

Mom nickte verständnisvoll. »Hast du bekommen, was du wolltest?«

»Ja, danke.«

»Gut. Sei mir nicht böse, aber ich habe noch wahnsinnig viel zu tun«, erklärte sie und schob Jason sanft in Richtung Tür. »Sehen wir uns dann morgen auf der Beerdigung?«

Jasons Gesicht nahm einen ziemlich gequälten Ausdruck an. »Tja, was die Beerdigung morgen angeht ...«, sagte er zögernd.

»Jason!« Mom sah ihren Freund empört an. Er konnte doch nicht allen Ernstes die Beerdigung schwänzen! Das würde ihm Richard nie verzeihen.

»Ich hasse Beerdigungen«, erklärte er.

»Zu dieser wirst du wohl gehen müssen. Sie war die Mutter deines Partners.«

»Ja, natürlich, aber Beerdigungen sind viel zu gefühlsbetont für mich. Die Trauer, die Umarmungen...«

Mom sah ihn verständnislos an.

»Als ich zehn war, hat meine Familie eine grässliche Zeit durchgemacht. Jeden Monat hat irgendwer den Löffel abgegeben. Das ging ein Jahr so. Ich fand das furchtbar.«

»Okay, bitte. Dann lass es eben«, seufzte Lorelai. »Aber du musst meinem Vater erzählen, dass du da gewesen bist«, fügte sie schnell hinzu.

»Das ist ein Kompromiss, mit dem ich leben kann«, nickte Jason. Dann verabschiedete er sich, winkte Emily noch einmal zu und verschwand.

Emily sah ihm unverwandt nach. »Ach, Jason«, sagte sie. »Ein toller Kerl. Dein Vater ist vernarrt in diesen Burschen.«

Sie erhob sich zum ersten Mal, seit Lorelai dieses Haus betreten hatte, vom Sofa und ging – oder sagen wir besser – schwankte, zum Fenster, schob den Vorhang auf und sah hinaus. »Und weißt du, wer noch in ihn vernarrt wäre?«, fuhr sie fort.

Mom wusste es nicht, doch es war nicht schwer zu erraten, wen Grandma meinte.

»Pennilyn Lott!«, schnaubte sie.

»Ich glaube, ich fange jetzt an, die Dankeskarten zu schreiben«, versuchte Mom das Thema zu wechseln.

»Aber schreib auch eine an Pennilyn Lott, einfach dafür, dass sie Pennilyn Lott ist«, sagte Grandma und schwankte wieder zum Sofa.

3

Während Mom zu Hause die Beerdigung vorbereitete und nebenbei versuchte, ihre Eltern in Schach zu halten, beschäftigte ich mich eingehend mit dem Thema »Nachruf«. Kaum war ich in Yale angekommen, hatte ich mich auf direktem Wege in die Redaktion begeben, mich dort an den Computer gesetzt und meine umfangreichen Recherchen begonnen. Ich war schnell fündig geworden. Dank unserer Datenbank hatte ich einiges über meine Urgroßmutter herausfinden können. Ich stellte fest, dass sie eine erstaunliche Persönlichkeit gewesen sein musste. Und nicht nur das – sie schien auch ein wirklich guter Mensch gewesen zu sein. Während des Zweiten Weltkriegs hatte sie verwundete Soldaten betreut, und sie hatte dafür gesorgt, dass in einem Krankenhaus in ihrem Heimatort eine Entbindungsstation für bedürftige Frauen eingerichtet worden war. Sie war ein wirklich außergewöhnlicher Mensch. Ich war stolz, dass ich mit ihr verwandt war, und ich nahm mir vor, selbst eine so mutige und selbstbewusste Frau zu werden, die sich gegen alle Widrigkeiten des Lebens durchzusetzen weiß. Nur wenige Minuten später sollte ich die erste Chance dazu bekommen, denn es bog eine besonders widerliche Widrigkeit um die Ecke: Doyle! Während er geradewegs auf mich zusteuerte, versuchte ich noch schnell, den Artikel über meine Urgroßmutter, den ich gerade aufgerufen hatte, vom Bildschirm zu entfernen, doch es war zu spät. Doyle hatte ihn bereits gesehen. Er baute sich hinter mir auf, verschränkte seine Arme vor der Brust und deutete mit dem Kinn auf den Bildschirm.

»Das ist privat, richtig?«, fragte er, und seine Stimme klang irgendwie bedrohlich.

»Ja, das ist es ...«, stammelte ich, doch ich kam nicht mehr dazu, ihm zu erklären, was genau es war, denn Doyle war bereits explodiert.

»Du nutzt einen Computer der Zeitung für private Recherchen und wagst es, meine Warnung von neulich einfach in den Wind zu schlagen?«, brüllte er, und sein Gesicht nahm dabei die Farbe eines frisch gekochten Hummers an.

Glenn, der am Nebenschreibtisch saß, duckte sich unwillkürlich. Er ahnte wohl, was jetzt auf mich zukommen würde.

»Aber das hier ist etwas anderes ...«, versuchte ich Doyle ruhig zu erklären. Es war zwecklos. Er war in die Luft gegangen wie eine Silvesterrakete, und von dort oben schien er meine Worte nicht mal zu hören.

»Wenn ich nur kurz ...«, versuchte ich noch einmal mein Glück.

»Oh. Klasse. Jetzt kommen die Ausflüchte«, erwiderte er sarkastisch. »Was das wohl sein wird?«

Na, immerhin hatte er mich jetzt doch gehört.

»Ich muss Nachforschungen für eine Freundin anstellen«, spottete er und versuchte dabei, meine hohe Stimme zu imitieren, was, nebenbei bemerkt, ziemlich dämlich klang. »Der Professor hat mir zu wenig Zeit gegeben. Ich habe in Archiven gestöbert und bin abgelenkt worden...«

»Meine Großmutter ist tot!«, fiel ich ihm ins Wort. Das war eine glatte Lüge, aber offenbar tat sie ihre Wirkung. Doyle schwieg! Und nicht nur das. Er starrte mich mit untertassengroßen Augen an, und ich glaubte, darin sogar so etwas wie Mitleid zu erkennen. War das möglich?

»Oh. Oh, nein«, stammelte er betroffen.

Er hatte wirklich Mitleid, und ich beschloss, zur Sicherheit noch einen draufzusetzen. »Ja, ich stand ihr sehr nahe, und sie ist ...« Ich machte eine theatralische Pause, schniefte einmal und fuhr dann mit leiser Stimme fort. »Sie ist vor zwei Tagen ganz plötzlich gestorben.«

Doyle schüttelte erschüttert den Kopf.

»Ich deutete auf meinen Computerbildschirm. »Wir haben uns sehr nahe gestanden, weißt du? Und ich möchte einen Nachruf schreiben, der dieser außergewöhnlichen, großartigen Frau gerecht wird.«

Er legte seine Hand auf meine Schulter, nahm sie aber gleich wieder weg. »Oh, das ...«, stammelte er. »Da-das wusste ich doch nicht!«

»Du hast nicht gefragt.«

Doyle drehte sich um, schnappte sich einen freien Schreibtischstuhl und setzte sich neben mich. Er kam mir dabei ziemlich nahe, und ich muss zugeben, dass ich seine Nähe unangenehm fand. Aber nichts war so unangenehm wie seine Schreierei von eben. Also ließ ich mir nichts anmerken und wartete gespannt darauf, was er als Nächstes sagen würde.

»Meine Großmutter ist im Dezember gestorben«, erklärte er leise, und er klang ziemlich traurig. »Es war ... Ich habe es bis jetzt noch nicht überwunden. Ich weiß genau, wie du dich jetzt fühlst.« Er legte noch einmal väterlich seine Hand auf meine Schulter, und ich musste all meine Kraft zusammennehmen, um sie nicht instinktiv wegzufegen. Zum Glück hatte er ein Einsehen, und er legte die Hand schon wenig später wieder dahin, wo auch seine andere lag, nämlich in seinen Schoß. »Also, mach bitte weiter«, sagte er. »Es tut mir Leid.«

»Ist schon gut«, erwiderte ich großzügig und hoffte inständig, dass er nun gehen würde.

Doch Doyle machte keinerlei Anstalten. »Weißt du, was mir letzte Woche passiert ist?«, fragte er.

»Nein«, erwiderte ich, und wenn ich ehrlich bin, wollte ich es auch gar nicht wissen.

»Ich habe versucht, sie anzurufen«, sagte er und sah mich erwartungsvoll an.

Ich nickte mitleidig.

»Ist das nicht traurig? Ich hatte es vergessen. Und natürlich überkam es mich dann wieder. Ich hoffe, dir passiert das nicht«, presste er hervor und begann zu weinen. Oder besser gesagt, er schluchzte wie ein Schlosshund. Allmählich überkam mich doch mein schlechtes Gewissen. Doyle trauerte ehrlich um seine tote Großmutter, und ich hatte ihn belogen.

»Hoffe ich auch«, sagte ich leise. Etwas Besseres fiel mir im Moment nicht ein.

»Sie roch immer leicht nach Kaffee«, schniefte er. »Noch jetzt kann ich an keinem Laden vorbeigehen, wo es Kaffee gibt.«

»Oh«, meinte ich ehrlich betroffen.

»Meine Freundin war in einem Café angestellt. Ich musste mich von ihr trennen!«

Ich hatte das Gefühl, dass ich nicht noch mehr dieser traurigen Geschichten verkraften würde, und beschloss schweren Herzens, mit der Wahrheit herauszurücken. »So nah waren wir uns nicht«, gestand ich ihm.

»Was?«

»Sie war nicht meine Großmutter, sondern meine Urgroßmutter«, erklärte ich schnell. »Ich habe das ›Ur‹ bloß unterschlagen, damit es etwas trauriger klingt.«

Aus den Augenwinkeln sah ich, dass Glenn neben mir

zusammenzuckte. Dann starrte er Doyle an. Genau wie ich wartete er gespannt darauf, wie er auf diese Beichte reagieren würde. Doch es kam nichts. Unser Chefredakteur starrte bloß auf den Boden und schniefte vor sich hin. Also machte ich weiter. »Ich habe kaum was über sie gewusst«, erklärte ich wahrheitsgemäß. »Es tut mir echt Leid. Ich werde jetzt meine Sachen packen und direkt zur Hölle fahren.«

»Meine Großmutter war eine ganz besondere Frau«, sagte Doyle.

Ich starrte ihn verwirrt an. Hatte er nicht gehört, was ich eben gesagt hatte? Es schien, als sei er gerade auf einem völlig anderen Planeten.

»Ähm … Doyle«, stammelte ich, doch es war zwecklos.

»Sie hat mich zu meinem Abschlussball gefahren, und ich wäre arm dran, hätte ich sie nicht gekannt.«

Ich nickte.

Plötzlich erhob er sich. »Schreib deinen Nachruf in Ruhe zu Ende«, sagte er.

»Was?«

»Jeder Mensch sollte seine Großmutter kennen.«

»Das war ihre Urgroßmutter!«, meldete sich Glenn zu Wort. »Hast du nicht zugehört?«

»Glenn, du schreibst Rorys Artikel über die Parkplatzvorschriften!«, sagte Doyle, nickte mir noch einmal zu und schlich davon.

Glenn seufzte. »Mein Monat dauert einen Monat. Dein Monat dauert eine Woche. Ja, Freunde, so ist mein Leben!«, sagte er frustriert und wandte sich wieder seinem Computer zu.

Ich hatte noch eine ganze Menge über meine Urgroßmutter gefunden und mich gleich daran gesetzt, den Nachruf zu verfassen. Er war gut geworden, fand ich, und Mom war ebenfalls meiner Meinung. Die Tage bis zur Beerdigung verflogen nur so, und am Freitag in aller Frühe machte ich mich auf den Weg nach Stars Hollow. Ich fand Mom in heller Aufregung vor. Kein Wunder, es war der Tag der Beerdigung, Emily war noch immer nicht die Alte, und es gab noch wahnsinnig viel zu erledigen. Nachdem Mom noch einige wichtige Telefonate geführt hatte, fuhren wir auf direktem Wege zu meinen Großeltern. Ich war gespannt, in welcher Verfassung wir sie vorfinden würden. Moms Erzählungen zufolge waren beide vollkommen unzurechnungsfähig. Dass es so schlimm war, konnte ich kaum glauben, doch wenig später hatte ich Gelegenheit, mich mit eigenen Augen davon zu überzeugen. Als wir an der Tür klingelten, öffnete uns Grandpa, und zwar in einem völlig desolaten Zustand.

»Dad, wieso öffnest du denn die Tür?«, fragte Mom erstaunt. Normalerweise war das der Job des Hausmädchens.

»Oh, äh, ich weiß nicht …«, stammelte Grandpa. Er hatte offenbar schon Anstalten gemacht, sich umzuziehen, war aber nicht ganz fertig geworden. Sein weißes Hemd hing über seiner schwarzen Anzughose, und seine Fliege baumelte ungebunden am Hals. »Ich hab die Klingel gehört, also hab ich geöffnet«, fuhr er verwirrt fort und bat uns mit einer fahrigen Geste hinein …

»Hat das Mädchen heute schon wieder einen freien Tag?«, fragte Mom gequält. In Anbetracht der Tatsache, dass heute Nachmittag unzählige Gäste erwartet wurden, war es nicht der günstigste Tag, Tilda freizugeben, fand Mom. Aber im Moment war Emily wohl alles zuzutrauen.

»Das Mädchen?« Grandpa zuckte mit den Schultern und ging voran ins Wohnzimmer. »Kann sein. Ich nehme es an …«, nuschelte er. Dann fiel sein Blick auf mich. »Oh, Rory, du bist ja auch da«, bemerkte er verwirrt. »Wie schön, dich zu sehen«, sagte er. Er war wirklich völlig neben der Spur.

»Es tut mir ja so Leid, Grandpa«, erklärte ich und drückte seine Hand.

»Danke, Rory.« Er lächelte ein wenig gequält.

»Wie geht's dir?«

»Tja, diese Fliege will anscheinend nicht so wie ich.«

Ich nickte und sah an ihm hinab. »Und du hast auch keine Schuhe an.«

»Was?« Grandpas Blick wanderte langsam nach unten. Er betrachtete eine Weile seine Füße. »Oh, ja, Schuhe«, rief er plötzlich.

Lorelai seufzte. Mit Richard war es in den letzten Tagen wahrlich nicht aufwärts gegangen. Aber was war mit Emily? »Kann dir denn nicht Mom die Fliege binden, Dad?«, fragte sie.

»Doch!« Grandpa nickte.

»Schön«, lächelte Mom. »Dann wäre das Problem ja gelöst.«

Er nickte wieder. Doch dann runzelte er plötzlich die Stirn. »Äh, ich weiß nicht, wo sie gerade ist«, gestand er. »Na ja«, fuhr er im Plauderton fort. »Es gibt ja noch so viel zu planen. Jemand hat uns vier Schinken geschickt. Ist das zu fassen?« Er schüttelte verwirrt den Kopf. »Vier Schinken! Vier auf einmal!«

Mom und ich kamen nicht mehr dazu, zu den vier Schinken Stellung zu nehmen, denn im nächsten Moment schneite Emily ins Wohnzimmer – oder besser gesagt, sie torkelte. Wir sahen mit einem Blick, dass auch ihr Zustand gelinde gesagt desaströs war.

»Mom, da bist du ja!«, seufzte Lorelai und betrachtete missbilligend ihren Aufzug. Sie trug schon wieder ihren Morgenmantel. Wahrscheinlich hatte sie ihn, seit Mom sie das letzte Mal gesehen hatte, nicht abgelegt. Das Gleiche galt wohl auch für ihr Glas, das sie, gefüllt mit Gin Tonic, vor sich hertrug.

Als Grandmas Blick auf mich fiel, strahlte sie mich an. »Rory, du siehst wirklich nett aus!«, lallte sie und schwankte unkontrolliert auf mich zu. Ich sah an mir hinab. Ich trug meine alten ausgewaschenen Lieblingsjeans und einen ausgeleierten Pullover, und bis gerade war ich mir sicher gewesen, dass ich in Grandmas Augen ganz sicher nicht »nett« aussah. Ich wusste, dass sie verwaschene Jeans und ausgeleierte Pullover hasste. »Ich habe noch ein Kleid dabei. Das ziehe ich gleich an«, erklärte ich schnell und deutete auf das schwarze Bündel, das über meinem Arm hing.

Grandma winkte ab. »Das, was du anhast, reicht völlig«, erklärte sie, nahm ein Buch vom Couchtisch und hielt es Lorelai unter die Nase. »Hier. Ich habe es gerade zu Ende gelesen. Ich glaube, es wird dir gefallen. Es geht um eine Prostituierte namens Sugar im viktorianischen England. Sie steigt in der Gesellschaft höher und höher und trifft diese unglaublich aufregenden Leute.«

Mom nahm das Buch und nickte ungeduldig. »Ja, hört sich gut an. Doch du musst mir jetzt nicht alles erzählen. Weißt du, gleich ist die Beerdigung und …«

»Ich habe nichts verraten. Das steht alles auf dem Schutzumschlag«, verteidigte sich Emily.

Grandpa schien die Unterhaltung zu langweilen, und er stahl sich leise davon. Mom sah gerade noch, wie er das Wohnzimmer verließ. »Hilf ihm!«, zischte sie mir zu. »Zeig ihm, wo Türen und Fenster sind.«

»Ist gut«, nickte ich und ging ihm nach.

Während ich mich um Grandpa kümmerte, widmete Mom sich ihrer wohl schwierigsten Aufgabe des heutigen Tages: Emily dazu zu bewegen, sich anzukleiden, die Finger vom Alkohol zu lassen und sich zu benehmen wie ein normaler Mensch. »Mom, ich glaube, du solltest dich jetzt fertig machen«, sagte sie sanft. Sie musste sehr vorsichtig vorgehen, denn, wer weiß? Wenn Emily einmal bockte, würde sie sich womöglich noch weigern, der Beisetzung überhaupt beizuwohnen.

Grandma schüttelte unwillig den Kopf. »Unsinn. Wir haben noch jede Menge Zeit. Willst du einen Drink? Gerade heute habe ich gelernt, wie man Mojitos macht.«

Lorelai seufzte verzweifelt. »Mom«, sagte sie, und sie bemühte sich redlich, nicht ungeduldig zu klingen. »Du solltest besonders heute frühzeitig fertig sein. Schließlich richten wir die Beerdigung aus.«

Emily hob beide Hände in die Luft. »Bitte, wenn du meinst!«, lallte sie und torkelte langsam Richtung Tür.

Lorelai hatte es geschafft. »Sehr schön, Mom!«, sagte sie langsam. »Geh nach oben und zieh was an, ja? Ein schwarzes Kleid, hörst du?« Sie kam sich vor, als spräche sie mit einer Dreijährigen.

Grandma schwankte die Treppe hinauf, und Mom hoffte inständig, dass sie bald fertig gekleidet und mit halbwegs klarem Kopf wieder hinabsteigen würde.

Mom hatte also ganze Arbeit geleistet, und auch ich war nicht untätig gewesen. Ich hatte Grandpa in sein Arbeitszimmer begleitet, ihm seine Schuhe gebracht und ihn in seinen Ohrensessel am Fenster verfrachtet.

»Ich hab's geschafft, dass er sich setzt«, berichtete ich stolz, als ich zurück ins Wohnzimmer kam.

»Okay«, sagte Mom. »Sitzen, viele Kissen. Weich. Gut.«

»Du hast Recht. Die sind durchgedreht.«

»Ja, wie tausend lockere Schrauben«, nickte Mom, doch sie war mit ihren Gedanken schon wieder ganz woanders.

»Ich muss jetzt checken, ob die Sachen für die Küche eingetroffen sind, die Fluggesellschaft anrufen, ob der Reverend seinen Flug gekriegt hat, nachfragen, ob der Grabstein in …« Sie stockte plötzlich und wurde blass. »Die Unterwäsche!«, stöhnte sie.

Ich sah sie verständnislos an. Wovon um alles in der Welt sprach sie?

»Meine Güte, was mache ich jetzt? Ich habe zwar Grans Kleider zum Beerdigungsinstitut gebracht, doch die Unterwäsche habe ich total vergessen.«

»Soll das heißen, Gran ist unten herum nackt?«, fragte ich fassungslos.

Mom nickte und begann hektisch, in ihrer Handtasche nach dem Autoschlüssel zu wühlen. »Ich muss ihr sofort irgendetwas kaufen.«

»Kaufen? Wieso kaufen?«

»Gran hat bestimmt, dass sie bei ihrer Beerdigung ›frische Kleidung‹ tragen möchte«, erklärte Mom, »und ich denke, mit ›frischer Kleidung‹ ist neue Kleidung gemeint. Ich habe ihr deshalb ein neues Kleid gekauft, aber eben keine Unterwäsche. Oh je, was mache ich nur?«

»Moment!«, versuchte ich Mom zu beruhigen. »Okay, Gran hat keine Unterwäsche an, aber wer weiß das schon?«

»Ich weiß es, und das reicht. Du wartest hier. Und behalte Grandpa im Auge. Ich komme gleich wieder.«

Mit diesen Worten stürmte sie davon, und ich wusste, dass es zwecklos war, sie aufzuhalten.

Zum Glück war der nächste Wäscheladen nur wenige Autominuten entfernt. Mom parkte direkt davor, sprang aus dem Wagen und stürmte hinein. Welche Unterhose würde ihrer Großmutter wohl gefallen? Sie begann hektisch, das reichhaltige Warenangebot in Augenschein zu nehmen.

»Wenn Sie einen dieser Artikel kaufen, kriegen Sie einen zweiten gratis«, hörte Mom plötzlich eine piepsige Stimme hinter sich sagen. Sie fuhr herum. Vor ihr stand eine junge, attraktive, blonde Dessousverkäuferin, die auf den Wäscheständer vor ihr deutete. »Hören Sie, äh –«, begann Mom.

»Shannon«, stellte die junge Frau sich vor.

»Shannon, ähm, ich hätte gerne etwas Hübsches für meine Großmutter.«

»Irgendein besonderer Stil?«

Mom runzelte die Stirn. »Nein«, sagte sie schließlich. »Hauptsache respektabel, also absolut anständig. So anständig wie zu Zeiten der Mayflower.«

Shannon nickte und führte Mom zu einem Ständer mit einigen zeltartigen Unterhosen. »Wir haben eine Kollektion ganz wundervoller hübscher Unterhosen mit integrierter Stütze für die Bauchpartie. Ältere Damen mögen so etwas sehr.«

»Oh, versteckte Bauchpartie. Das ist gut.«

»Welche Größe hat sie?«

Mom dachte fieberhaft nach, doch sie hatte keine Ahnung, welche Größe ihre Großmutter getragen hatte. Sie ist sehr klein«, erklärte sie unsicher. »Aber Kraft hat sie. Sie sieht aus, als könnte sie sich gut wehren. Aber sie trägt immer diese weiten Kleider. Also, wer weiß schon, was darunter los ist?« Sie lachte verlegen.

Shannon sah meine Mutter hilflos an.

»Tut mir Leid«, stammelte Mom und fuhr sich nervös mit der Hand durch ihr langes braunes Haar. »Okay«, sagte sie dann. » Es ist in Wirklichkeit so: Sie *hat* weite Kleider getragen. Sie ist jetzt tot.«

»Oh«, sagte Shannon und starrte Lorelai an, als käme sie von einem anderen Stern.

Doch Mom ließ sich nicht beirren und redete weiter.

»Haben Sie eine Ahnung, was ›frische Kleidung‹ bedeutet?«, fragte sie.

»Nein.« Shannon schüttelte den Kopf.

»Ich auch nicht. Ich nehme allerdings an, es bedeutet ›neu‹. Und deswegen bin ich auch hier. Ich darf jetzt nämlich die Trauerfeier organisieren, weil meine Mutter den Brief gefunden hat.« Jetzt redete sich Mom in Rage, und der armen Shannon blieb nicht anderes übrig, als den Mund zu halten und zuzuhören.

»Diesen bescheuerten Brief«, schimpfte Mom. »Ich meine, wer schreibt denn solche Briefe? Und hebt auch noch den Durchschlag auf?«

»Ich weiß nicht …«, stammelte Shannon.

»Meine Großmutter, wer sonst? Meine Großmutter, die frische Kleidung verlangt. Und einen viertausend Jahre alten Pfarrer. Und sie will verbrannt werden, und sie will in einer Urne auf dem Kamin meiner Mutter stehen, damit sie die ganze Familie bis in alle Ewigkeit verurteilen kann.« Mom machte eine Pause und nutzte diese, um endlich Luft zu holen, wie Shannon mit Erleichterung zur Kenntnis nahm. »Ich wette, Ihre Familie wirkt jetzt im Vergleich dazu richtig nett, was?«, fragte Mom und seufzte.

»Ja, allerdings«, lächelte Shannon.

»Oh, es tut mir Leid.« Langsam kam sie wieder zur Besinnung. »Ich rede dummes Zeug. Ich stehe hier in einem Unterwäschegeschäft und fasele wie eine Geisteskranke vor mich hin.«

»Ach was, das macht doch nichts«, sagte Shannon, doch ihr Gesicht verriet, dass sie log.

»Ich suche jetzt einfach irgendwas aus«, sagte Lorelai, ging zum Wühltisch und angelte wahllos irgendeine Unterhose heraus. »Was soll's? Ich meine, was ist denn schon groß dabei? Sie ist tot. Wissen Sie, diese Frau ist tot. Sie weiß nicht, was sie anhat, oder wer es für sie besorgt hat. Dass sie ein Chaos hinterlassen hat, wird sie wohl nie erfahren, also … Ich nehme diese hier!« Mom drückte Shannon entschlossen eine bunt gemusterte Baumwollunterhose in die Hand.

Shannon nahm sie und betrachtete sie mit fachmännischem Blick. »Äh, die ist ziemlich klein«, sagte sie. »Und ob das Erdbeermuster unbedingt das Richtige …«

»Hallo!«, unterbrach Mom sie unwirsch. »Sie ist tot! Die Frau ist tot! Sie kann nicht erkennen, ob das die richtige Größe ist. Sie wollte frische Kleider. Na, schön. Dann kaufe ich ihr eben frische Kleider. Und wenn sie Probleme mit der Größe oder mit dem Erdbeermuster hat, soll sie doch meinetwegen von den Toten auferstehen! Dann kann sie mich gern höchstpersönlich anbrüllen. Denn wenn jemand das schafft, dann diese zähe, verrückte, alte, wunderbare Frau. Da besteht kein Zweifel!«

Als Mom zu uns zurückkam, war sie plötzlich total locker und entspannt. Kein Wunder, denn sie hatte sich im Wäscheladen den Frust der ganzen Woche von der Seele geredet, und nun sah sie der Beerdigung und allem, was damit zu tun hatte, gelassen und positiv entgegen. Schon toll, was ein Unterhosenkauf alles bewirken kann.

Während Mom es geschafft hatte, eine Verkäuferin in den Wahnsinn zu treiben und dann die unpassendste, hässlichste Unterhose im ganzen Laden aufzustöbern und zu kaufen, hatte ich mich eingehend mit Grandpa beschäftigt. Ich hatte ihm die Fliege gebunden, was gar nicht so einfach gewesen war. Es hat erst geklappt, nachdem ich im Internet eine entsprechende Anleitung gefunden hatte. Außerdem hatte ich dafür gesorgt, dass sein Anzug fusselfrei und seine seelische

Verfassung einigermaßen stabil war. Ich fand, dass das keine schlechte Leistung war.

Mom betrat das Wohnzimmer und stellte erleichtert fest, dass sowohl Grandma als auch Grandpa umgezogen waren und sogar sehr passabel aussahen. Auch ich hatte inzwischen mein schwarzes Kleid übergestreift. Wir drei waren bereit für die Beisetzung. Na ja, vielleicht nicht ganz. Grandpa ging mit einem Blatt Papier in der Hand im Wohnzimmer auf und ab. Er studierte die Grabrede, die er gleich halten würde. Ich dachte, dass es sicher schwer für ihn sein musste, vor so vielen Menschen vom Tod seiner Mutter zu sprechen.

»Wie läuft es?«, fragte ich ihn besorgt.

»Gut, gut!«, murmelte Grandpa.

»Ist es nicht schwierig für dich, die Grabrede zu halten?«

»Nun, ich werde es wohl machen müssen.«

»Falls du feststellen solltest, dass du die Fassung verlierst«, sagte ich zögernd, »könnte ich die Grabrede für dich halten. Ich habe für den Nachruf eine ganze Menge über Gran gelesen, und ich denke, ich kann ihr gerecht werden.«

Grandpa sah mich dankbar an. »Sie hatte ein tolles Leben, nicht wahr?«, fragte er gerührt.

»Ja, wirklich, das hatte sie.«

»Nun, ich danke dir für dein Angebot«, sagte er. »Aber das ist meine Pflicht als Sohn. Ich werde es schon schaffen.« Er klang plötzlich sehr aufgeräumt, und ich dachte, dass er es wirklich schaffen würde. »Da bin ich mir sicher«, sagte ich.

»Sollte aber doch etwas passieren, und ich bemerke, dass ich – wie soll ich sagen – gefühlsbetonter reagiere, als ich vielleicht will …«

»… dann kann ich einspringen, Grandpa«, erklärte ich.

»Danke. Ich danke dir«, sagte er und drückte mich ganz fest.

4

Ich hatte nicht einspringen müssen. Grandpas Rede war großartig gewesen, und er hatte sich ganz hervorragend gehalten. Auch der Rest der Beerdigung war schön, wenn man bei einem solchen Anlass überhaupt von »schön« sprechen kann. Jedenfalls waren Unmengen von Menschen gekommen, die meiner Urgroßmutter Lebewohl hatten sagen wollen, und der Pfarrer hatte sehr schöne, tröstende und passende Worte gefunden. Inzwischen waren die Trauergäste im Haus meiner Großeltern eingetroffen und erinnerten sich bei *Hors d'œuvres* und Getränken meiner Urgroßmutter. Trotz des traurigen Anlasses war die Stimmung gut. Die Gäste erzählten sich lustige Anekdoten über Granny und lachten bei der Erinnerung an sie. Ich denke, es hätte ihr gefallen. Selbst mein Großvater war fast wieder der Alte. Ich ging zu ihm hinüber und puffte ihn in die Seite. »Deine Grabrede war sehr gelungen, Gilmore«, sagte ich lächelnd.

»Nun, ich stelle immer wieder fest, dass eine gut gebundene Fliege einen äußerst beruhigenden Effekt hat«, erklärte Richard augenzwinkernd.

Ich nickte und ging zu Mom hinüber, denn es kamen schon die nächsten Gäste, die meinem Großvater ihr Beileid ausdrücken wollten.

»Und, wie geht's ihm so?«, fragte Lorelai besorgt.

»Nicht übel. Er hat sich ganz gut im Griff«, erklärte ich.

»Zum Teil bestimmt auch wegen der vielen Leute, aber ich denke, es geht ihm besser.«

»Gut. Und, wie fandest du Grans fabelhafte frische Kleider?«

»Also, ich fand sie wahnsinnig kultiviert«, grinste ich.

»Hm, vielen Dank.«

»Aber denk bloß nicht, ich hätte nicht gesehen, dass du ihr ein *Hello-Kitty*-Armband umgelegt hast.«

»Ich dachte, das ist ein besonderes Geschenk von dir und mir für die Ewigkeit«, schmunzelte Mom und freute sich.

Als Mom den alten Reverend Wilder sah, ging sie zu ihm, um sich noch einmal herzlich dafür zu bedanken, dass er eigens für Grans Beisetzung den weiten Weg von Florida hierher auf sich genommen hatte. Doch eigentlich hätte sie sich das sparen können, denn offenbar war Mr Wilder bereits so alt, dass er gar nicht mehr so recht wusste, wo er war und was er hier tat. »Wer sind Sie?«, fragte er und starrte Mom verwirrt an.

»Äh, ich bin Lorelai Gilmore«, erwiderte Mom nicht minder verwirrt.

»Habe ich Sie nicht gerade beerdigt?« Reverend Wilder fuhr sich abwesend durch sein schütteres Haar.

»Nein. Ich habe Sie doch vom Flughafen abgeholt.«

»Ach, tatsächlich?«, erwiderte Reverend Wilder überrascht.

»Ja.«

»Die Frau, die Sie beerdigt haben, das war eine ganz andere Lorelai«, mischte sich eine pummelige rothaarige Frau Mitte fünfzig lautstark ein. Mom stellte sie mir später als ihre Cousine Marilyn vor. »Das hier ist ihre Enkeltochter«, erklärte Marilyn und legte einen Arm um Moms Schulter. »Sie ist jetzt die regierende Lorelai.«

»Oh, das ist nett«, nickte der Reverend. »Und wer sind Sie?«

»Sie ist Grans Nichte Marilyn«, erklärte Mom geduldig.

Marilyn reichte Mr Wilder die Hand und drückte sie so fest, dass der arme alte Mann vor Schmerz aufjaulte. »Sie kennen mich vermutlich noch von früher«, blökte sie. »Sie haben mich damals mit meinem ersten Mann Theodore getraut.«

»Ach, ja?«

»Wissen Sie, Reverend, es wäre für uns alle so viel einfacher, wenn Sie vorgeben würden, Bescheid zu wissen«, bemerkte Marilyn trocken.

Mr Wilder dachte einen Augenblick nach. Dann strahlte er plötzlich über das ganze Gesicht. »Das ist eine wirklich gute Idee«, nickte er begeistert und ging davon.

Als Mom sich umdrehte, entdeckte sie Grandma. Sie richtete das bereits in Mitleidenschaft gezogene Buffet ein wenig her. Sie legte also wieder selbst Hand an. Das war zunächst einmal ein gutes Zeichen. Mom ging zu ihr hinüber und half ihr ein wenig. »Und, wie geht's dir so?«, fragte sie besorgt.

»Meine Füße tun schrecklich weh«, klagte Grandma.

»Und alles Übrige?«

»Und alles Übrige?« Emily zögerte einen Augenblick. »Alles Übrige ist bestens.«

Mom nickte. Das hörte sich gut an, fand sie. Trotzdem hatte sie das Gefühl, dass sie die leidige Geschichte mit dem Brief noch einmal ansprechen musste. »Hör zu, Mom«, sagte sie entschlossen. »Den Brief hat sie geschrieben, okay. Aber er wollte dich!«

Grandma sagte eine Weile nichts. Dann fiel ihr Blick plötzlich auf Moms Füße. »Unglaublich, dass du solche

Schuhe zu einer Beisetzung trägst«, sagte sie und widmete sich wieder dem Buffet.

Mom atmete auf. Kein Zweifel: Emily war wieder ganz die Alte. Aus Erleichterung darüber schnappte sie sich einen dicken gefüllten Champignon und ließ ihn in einem Stück in ihrem Mund verschwinden.

»Lorelai!«, rief Grandma vorwurfsvoll und verzog angewidert das Gesicht. Sie wollte noch etwas sagen, doch dann entdeckte sie Grandpa in der Menge. Sie ging zu ihm und machte sich unauffällig an seiner Fliege zu schaffen. »Sie sitzt schief«, erklärte sie. »Hast du was gegessen?«, wollte sie wissen, nachdem Richard in ihren Augen wieder halbwegs präsentabel aussah.

»Oh, ja«, erwiderte Grandpa. »Alle fünf Minuten taucht ein junger Mann mit einem Tablett voller Häppchen bei mir auf. Deine Anweisung, nehme ich an.«

»Schon möglich.«

»Also, ich habe nachgedacht«, sagte Richard plötzlich und lächelte.

»Ja?«

»Ich weiß, ehrlich gesagt, nicht, ob der Kamin der beste Platz für Grans Asche ist.«

»Was?« Emily sah ihn überrascht an.

»Der Sims ist zu schmal. Er wäre dafür unpassend.«

»Aber die letzten Wünsche …«

»Wenn sie im Grab bei meinem Vater liegt, scheint mir das richtig. Meinst du nicht auch?«

Plötzlich strahlte Emily über das ganze Gesicht. »Wie du willst, Richard«, sagte sie, und als sie ihm plötzlich einen Kuss auf den Mund gab, wirkte sie für einen Augenblick richtig jung und ausgelassen.

Mom und ich beobachteten die Szene von weitem und sahen uns lächelnd an. »Scheint alles wieder in Ordnung zu sein mit den beiden.«

»Sieht ganz so aus«, nickte Mom. »Und du? Wie geht's dir?«

Ich dachte einen Moment nach. »Ich empfinde richtig Trauer wegen Gran«, erklärte ich dann. »Aber weil das anfangs nicht so war, habe ich jetzt kein schlechtes Gewissen mehr. Also bin ich durchaus zufrieden.«

»Gut«, nickte Mom. Sie sah mich an. »Tja, also offensichtlich bin ich jetzt die ›regierende Lorelai‹«, erklärte sie plötzlich feierlich.

»Da hast du wohl Recht.«

»Hm. Das ist eine unglaubliche Verantwortung.«

»Ja, sicher.«

»Hauptsächlich fallen Zeremonien an wie Leute zum Ritter zu schlagen oder die Eröffnung von Supermärkten, aber hin und wieder kann man auch für Briefmarken posieren.«

»Und für Geldstücke«, warf ich ein.

Mom nickte. »Weißt du, irgendwann bist du die ›regierende Lorelai‹.«

Mir lief es plötzlich eiskalt den Rücken runter. »Ein grässlicher Gedanke«, erklärte ich.

»Wieso denn? Dann kriegst du einen Umhang«, alberte Mom.

»Wenn ich die ›regierende Lorelai‹ bin, dann bedeutet das, du bist tot!«, erwiderte ich düster.

»Tot?«, fragte Mom und schüttelte energisch den Kopf. »Nein, ganz bestimmt nicht. Ich trete auf jeden Fall vorher zurück. Ich mache es nicht wie Queen Elizabeth und lasse dich eine Ewigkeit warten. Sonst entwickelst du womöglich noch Interesse für Polo und Architektur.«

»Ich habe Angst vor Pferden«, erinnerte ich sie.

»Das weiß ich.«

»Man kriegt also einen Umhang?«, fragte ich.

Mom nickte ernst.

»Okay, wenn das so ist …«, sagte ich, und dann mussten wir beide lachen. Ganz unauffällig, natürlich. Schließlich waren wir auf einer Beerdigung. Einer sehr gelungenen Beerdigung, da waren Mom und ich und die Gäste uns einig.

Tja, jetzt hatten wir Gran beerdigt, und ab morgen würde wieder der ganz normale Alltag Einzug halten. So ist das Leben. Es geht immer weiter. Manchmal kann es einem ganz schön übel mitspielen. Aber es kommen auch immer wieder bessere Zeiten. Ich beobachtete Grandpa und Grandma. Sie standen sich plaudernd gegenüber und sahen wieder glücklich aus. Ich glaube, sie haben das Schlimmste überstanden. Auch für sie geht das Leben morgen weiter. Sie werden noch eine Weile brauchen, um das, was in den letzten Tagen geschehen ist, zu verarbeiten. Aber dann wird das Leben auch für sie wieder viel Schönes bereithalten.

5

Der Winter wollte in diesem Jahr einfach nicht weichen. Wir hatten schon fast April, aber es war immer noch lausig kalt, und die Sonne hatte sich schon seit einer Ewigkeit nicht mehr blicken lassen. Als ich samstags ins ungemütliche Stars Hollow kam, schlug Mom vor, einen heißen Kaffee in Lukes Diner zu trinken und dazu einen von Lukes legendären, aber leider auch sehr begehrten Streusel-Donuts zu vertilgen. Mir war kalt, und ich war hungrig. Sehr hungrig. Heißer Kaffee war genau das, was ich im Augenblick brauchte, und bei dem Gedanken, gleich in einen Donut beißen zu können, bekam ich Schwindelanfälle. Wir packten uns also in unsere warmen Daunenjacken und machten uns auf den Weg.

Wir gingen schnell. Mom und ich gingen immer schnell. Selbst wenn wir einen gemütlichen Spaziergang machten, konnten wir mit jedem gut trainierten Nordic Walker Schritt halten. Heute Morgen aber rannten wir beinahe, denn das, was uns gleich an Köstlichkeiten in Lukes Bar erwartete, war einfach zu verlockend. Erst als uns ein quietschendes Geräusch ans Ohr drang, hielten wir einen Moment inne und sahen uns um. Hinter uns entdeckten wir ein merkwürdiges Gefährt. Der vordere Teil des Vehikels sah aus wie ein Fahrrad, der hintere wie eine Kutsche. Der Fahrer dieses Monstrums sah aus wie Kirk. Wir schauten genauer hin. Es war Kirk! Irritiert starrten wir ihn an. Was um alles in der Welt machte er da auf diesem – Ding?

Kirk gehörte zu Stars Hollow wie Doris Day zu Rock Hudson. Er war ein netter Kerl, doch irgendwie verwandelte sich alles, was er anfasste, in ein absolutes Desaster. Wie hatte ich das nur für einen Moment vergessen können, als er uns die erste Fahrt im »Stars-Hollows-Fahrradtaxi« anbot? Aber die Aussicht, nun noch schneller in Lukes Bar zu kommen, wischte alle Zweifel fort. Wir stiegen also kurzerhand in Kirks Fahrradkutsche, machten es uns bequem und verkniffen uns, laut »Hüah« zu rufen.

Kirk trat in die Pedalen, und das mit aller Kraft, doch das Fahrradtaxi kam kaum vom Fleck. Zunächst dachten wir, es müsste erst in Schwung kommen, doch von Schwung war auch nach einigen Minuten nichts zu spüren. Im Gegenteil. Selbst die gehbehinderte, achtundachtzigjährige Oma Emma aus unserer Nachbarschaft überholte uns locker zu Fuß. Langsam wurden wir ungeduldig, aber noch besaßen wir so viel Anstand, den keuchenden, stöhnenden Kirk, der da vor uns um sein Leben strampelte, nicht auch noch anzutreiben.

»Es ist demütigend«, jammerte ich leise, nachdem ich ihn eine Weile beobachtet hatte.

»Oh, nein, das ist schon weit mehr als demütigend«, erwiderte Mom.

»Luke hat bestimmt keine Donuts mehr, wenn wir endlich ankommen.«

»Ich weiß nicht, wieso er von denen mit den Streuseln nicht einfach sechs mehr bestellt. Dann bliebe uns die Diskussion erspart, die wir gleich führen werden. Falls wir je dort ankommen.«

»In zwei Stunden bin ich mit Lane verabredet. Das schaffe ich nie«, stöhnte ich.

Kirks Gekeuche nahm langsam eine beängstigende Lautstärke an, und ich fragte mich, ob auch junge Menschen wie er Herzinfarkte bekommen können.

Ich glaube, Mom hat sich in diesem Moment genau das Gleiche gefragt. »Kirk, geht's dir gut?«, rief sie besorgt nach vorne.

Kirk drehte sich um und nickte uns kurz zu, während er verzweifelt nach Luft schnappte. Mom und ich nahmen an, dass es seine Art war, uns zu sagen, dass alles in Ordnung war, aber sicher waren wir uns nicht.

»Ist wirklich alles okay?«, fragte ich noch einmal besorgt nach.

Wieder nur dieses Nicken, begleitet mit einem Japsen.

»Ich glaube, offen gesagt, du hast Wortfindungsschwierigkeiten«, bemerkte Mom treffend. »Hör zu, du musst uns nicht direkt vor die Tür fahren.«

»Genau«, stimmte ich zu, und in Gedanken beglückwünschte ich Mom zu dieser grandiosen Idee. Wenn er uns hier aussteigen ließe, wäre das eindeutig das Beste für alle Beteiligten.

Doch Kirk sah das offenbar anders. Er drehte sich mit beleidigtem Gesicht zu uns um, wischte sich den Schweiß von der Stirn und rang nach Luft. »Ich habe euch die erste Fahrt in Kirks neuem Stars-Hollow-Fahrradtaxi angeboten, und die kriegt ihr jetzt auch«, brachte er schließlich heraus und trat wieder in die Pedale, die sich einfach nicht bewegen wollten.

Mom und ich gaben uns geschlagen, jedenfalls für den Moment. Als wir jedoch nach fünf Minuten gerade mal zwei Meter zurückgelegt hatten, platzte uns endgültig der Kragen.

»Wir müssen sofort aussteigen«, rief Mom entschlossen nach vorne.

Doch Kirk überhörte sie großzügig. »Ich schätze, dieses Baby ist ’ne wahre Gold –« Weiter kam er nicht. Wieder stöhnte er laut, und man hatte das Gefühl, er würde jeden Augenblick zusammenbrechen.

»Eine wahre Gold- … was? Kirk?«, rief Mom.

»Kriegst du noch Luft, Kirk?«, fragte ich alarmiert.

Offenbar nicht, denn er sagte plötzlich gar nichts mehr.

»Sag doch was!«, rief Mom.

»Schlag dreimal auf den Lenker, wenn du Luft kriegst. Und zweimal, wenn nicht«, schlug ich vor.

Kirk schlug auf den Lenker. Jedoch nur einmal.

»Was hat das zu bedeuten?«, fragte Mom verzweifelt.

»Dass er es zweimal nicht schafft?«

»Kirk, halt an, bitte«, rief Mom.

»Okay, ganz kurz«, stöhnte er und ließ seine Beine erleichtert herunterbaumeln.

»Also, jetzt hör mal zu, Kirk. Das war wirklich sehr schön, und wir danken dir auch sehr«, log Mom. »Aber ich denke, wir gehen den Rest des Weges zu Fuß.«

»Aber die Fahrt ist noch gar nicht zu Ende«, sagte Kirk enttäuscht. So langsam bekam er wieder Luft.

»Wir wollen das Taxi wieder freigeben. Es ist ja das einzige«, antwortete ich und war stolz, dass mir diese wahrlich diplomatische Antwort eingefallen war. »Wir erzählen es unseren Freunden und allen, die wir kennen«, versprach ich.

»Fandet ihr die Fahrt denn nicht schön?«

»Doch, sehr«, lächelte Mom geduldig. »Das ist ganz toll für Touristen, die unsere Stadt noch nicht kennen und auf keinen Fall was verpassen wollen.«

»Ich fahr doch gar nicht so langsam«, erwiderte Kirk beleidigt.

»Nein. Du solltest aber vielleicht noch trainieren, bevor

die Touristen hier einfallen. Geh ins Fitnesscenter, oder kauf dir neue Beine«, schlug Mom vor und stieg aus.

Ich beeilte mich, es ihr gleichzutun. »Tut uns Leid, Kirk«, sagte ich noch, winkte ihm zum Abschied zu und eilte mit Mom davon.

»Ihr werdet es bereuen«, rief er wütend hinter uns her. »Ihr werdet bereuen, dass ihr die Gelegenheit zu einer Fahrt in Stars Hollows erstem Fahrradtaxi ausgeschlagen habt!«

»Jetzt wird er uns hassen«, sagte ich mit einem Anflug von schlechtem Gewissen zu Mom.

»Nein, ganz sicher nicht. Nur so lange, bis sich seine Laune wieder bessert.«

Das mit der guten Laune ging schneller, als wir erwartet hatten. Nur etwa eine Minute später radelte Kirk plötzlich fröhlich winkend und in atemberaubendem Tempo mit seinem Gefährt an uns vorbei.

»Was sagt ihr nun?«, rief er triumphierend. »Anscheinend war es doch nicht meine Schuld, dass es nicht voranging. Hat wohl eher an meiner schweren Fracht gelegen.«

»Hey!«, rief ich, und Mom und ich begannen, hinter ihm herzutraben. Doch wir hatten keine Chance. Er war viel schneller als wir.

»Ihr futtert eben zu viel!«, rief Kirk.

»Ich krieg zuerst meinen Donut!« rief er dann, winkte noch einmal und verschwand um die Ecke.

»Hände weg von unseren Donuts, Kirk!« Mom fuchtelte wild mit beiden Armen in der Luft herum. »Ich meine es ernst, du Spinner!«

Aus Wut darüber, dass wir sein Fahrradtaxi vorzeitig verlassen hatten, hatte Kirk tatsächliche alle Streusel-Donuts, die bei Luke an diesem Tag noch zu haben waren, bestellt und restlos aufgefuttert – nur damit wir keine mehr bekamen. Aus Rache schworen Mom und ich uns, nie wieder einen Fuß in sein blödes Gefährt zu setzen, und auch allen, die wir kannten, dringend davon abzuraten.

Am Montagmorgen fuhr ich zurück nach Yale und traf pünktlich zu meinen Seminaren dort ein. Nachdem ich mein erstes Seminar des Tages hinter mich gebracht hatte, machte ich mich auf den Weg in die Cafeteria, denn ich hatte mich dort mit Paris verabredet. Ich kannte Paris schon seit der Highschool. Damals hatten wir uns nie besonders gut verstanden. Das lag vor allem daran, dass sie genauso ehrgeizig war wie ich. So blieb es nicht aus, dass wir zu Konkurrentinnen wurden. Nachdem wir erfahren hatten, dass wir beide in Yale studieren würden, beschlossen wir jedoch, uns zusammenzuraufen. Das ist uns einigermaßen gelungen, was gut ist, denn schließlich müssen wir uns ein Zimmer im Wohnheim teilen.

In der Cafeteria angekommen, nahm ich mir einen großen Becher Kaffee und schaufelte löffelweise Zucker hinein.

»Iss doch einfach gleich 'ne ganze Schüssel von dem Zeug«, sagte jemand hinter mir.

Ich machte mir nicht die Mühe, mich umzudrehen, denn ich wusste auch so, dass Paris hinter mir stand. »Die Schüsseln sind nicht groß genug«, erwiderte ich und fuhr fort, Zucker in meinen Kaffee zu schaufeln.

»Hör mal, du kannst nicht ewig so weiteressen«, schimpfte Paris. Ich zuckte mit den Schultern. Seit einiger Zeit war Paris mit Asher zusammen. Er war Professor an unserer Universität und locker dreimal so alt wie sie. Ich weiß nicht, was sie an diesem alten Mann fand. Ich weiß nur, dass sie, seitdem sie ein Paar wurden, plötzlich davon besessen war, auf ihre Gesundheit zu achten. Vielleicht hat es etwas damit zu tun, dass Asher aufgrund seines biblischen Alters gezwungen war, auf seine Gesundheit zu achten, und sie damit angesteckt hat, oder vielleicht will sie auch einfach nur für ihn abnehmen. Jedenfalls aß sie neuerdings meistens Sachen, die aussahen wie Kaninchenfutter. Auch jetzt häufte sie wieder eine undefinierbare körnige Masse in ihre Müslischale.

»Was isst du denn da?«, fragte ich und verzog angewidert das Gesicht.

»Kleiemüsli. Asher hat es mir empfohlen«, erklärte sie.

»Ist das romantisch«, erwiderte ich ironisch.

»Er will, dass ich lange lebe und gesund bleibe. Das ist romantisch«, erklärte sie trotzig und bahnte sich mit ihrer Müslischale den Weg zu dem einzigen freien Tisch am anderen Ende des Raumes.

Ich folgte ihr. Wir schafften es tatsächlich, den Tisch zu erreichen, bevor sich jemand anderer daran niedergelassen hatte. Erleichtert ließen wir uns schnell auf die Stühle plumpsen. Unsere Beine würden heute nämlich noch genug in Anspruch genommen werden. Paris und ich hatten eine Protestaktion geplant. Wir würden heute im Hof Unterschriften für Gefangene in Burma sammeln. Dazu hatten wir bereits einen kleinen Klapptisch besorgt, den wir aufbauen und mit Informationsmaterial bestücken wollten. Stühle hatten wir nicht besorgt. Das hieß, wir würden den Rest des Tages stehen müssen.

»Nach dem Frühstück werde ich das Schild für unseren Tisch abholen«, erklärte Paris und futterte ihr Kleiemüsli. Ich konnte mir nicht helfen, aber irgendwie musste ich wieder an Kaninchen denken, als ich sie ansah.

»Wir treffen uns dann draußen im Hof«, erklärte sie mit wichtiger Miene.

»Gut, wir treffen uns draußen im Hof.«

»Ich bin richtig aufgeregt deswegen. Das ist unsere erste wichtige Protestaktion auf dem College.«

Sie hatte Recht. Es war wirklich aufregend. Endlich taten wir etwas von Bedeutung. Wir wollten etwas bewegen und der Welt etwas mitteilen.

»Wäre es nicht unglaublich, wenn aufgrund unserer Petition ein politischer Gefangener in Burma frei gelassen würde?« Paris verfrachtete einige Strähnen ihres glatten blonden Haars hinter die Ohren.

»Nein, Paris Geller, nicht so bescheiden. Holen wir sie alle raus!«, rief ich.

»Selbst die Schuldigen!«

»Ja, genau!«

Wir hätten uns noch ewig weiter gegenseitig aufputschen können, doch plötzlich tauchten Glenn und Janet auf und setzten sich ungefragt an unseren Tisch.

Glenn wirkte nervös. Seine Hände flatterten in der Luft wie die Flügel eines Kolibris. »Ehrlich? Das wäre echt toll, richtig toll!«, sagte er gerade und schenkte Janet sein strahlendstes Lächeln.

Ich fragte mich, was genau wohl »so toll« war, und spitzte neugierig die Ohren.

»Okay, ich hole dich am Samstag früh um sieben ab«, sagte er und warf Paris und mir einen triumphierenden Blick zu.

»Gut, Glenn«, lächelte Janet.

»Ich danke dir, ernsthaft!«, erwiderte er devot. Dann sah er auf die Uhr und wurde blass. »Scheiße, mein Seminar«, stöhnte er und stolperte davon.

Paris und ich sahen ihm stirnrunzelnd nach. Dann wandten wir uns Janet zu, die wie immer umwerfend aussah. Janet war eine Sportskanone, und so blieb es nicht aus, dass sie einen perfekten Körper hatte. Doch das war nicht alles. Ihr Gesicht, ihre Haare, ihre Klamotten – an ihr war einfach alles toll! Umso überraschender, dass dieses Mädchen offenbar vorhatte, ausgerechnet mit Glenn, an dem nun wirklich äußerlich gar nichts toll war, wegzufahren.

»Darf ich fragen, was du und Glenn vorhabt?«, fragte Paris sie schließlich in ihrer unverblümten Art.

Janet winkte ab. »Ach, ich konnte nicht eher in die Frühlingsferien fahren. Meine Freunde sind schon in Florida. Glenn hat einen Wagen, also fahren wir jetzt zusammen«, erklärte sie.

»Du fährst mit diesem Kerl los?«, fragte Paris ungläubig.

»Na ja … ich bin verzweifelt«, erwiderte Janet gequält.

»Glenn ist ein netter Mensch«, lenkte ich ein. »Die Fahrt wird bestimmt okay sein.«

»Hey, er hat noch reichlich Platz im Wagen, falls ihr mitfahren wollt!«

Ich schüttelte energisch den Kopf. Allein der Gedanke an die Frühlingspartys in Florida bereitete mir Kopfschmerzen. Ich war zwar noch nie dort gewesen, aber mir war bekannt, dass es dort vor allem um drei Dinge ging: viele Partys feiern, viel Alkohol trinken und sich von vielen Männern abschleppen lassen. Das war nun wirklich nicht mein Fall. »Ach, nein, danke«, sagte ich deshalb schnell. »Eigentlich stehen wir gar nicht so sehr auf diese Partys am Strand.«

Paris stimmte mir zu. »Ich hab's doch eher mit dem Mondlicht. Und das Sonnenbaden ermüdet mich einfach«, erklärte sie.

»Es wird bestimmt super. Da lasst ihr euch was entgehen«, erklärte Janet kopfschüttelnd.

»Ich bin nicht der Typ für Feten dieser Art, aber danke für das Angebot«, lehnte ich noch einmal freundlich ab.

Janet gab sich geschlagen und erhob sich. »Okay, aber falls ihr es euch anders überlegt …«

»Jack the Ripper hat noch Platz in der Kutsche. Alles klar«, ergänzte Paris.

»Ach, Janet«, sagte ich schnell. »Wenn du Zeit hast, unterschreib doch unsere Petition für politische Gefangene in Burma.«

»Ich werde es versuchen. Allerdings muss ich mir vor dem Seminar heute Nachmittag noch einen neuen Badeanzug zulegen«, erklärte sie, hob die Hand zum Abschied und stiefelte davon.

»Denk an die gequälten Menschen in Burma, wenn du vor dem Regal für die kleinen Größen stehst«, rief Paris und sah ihr neidisch hinterher. »Ätzend, dass sie so dünn ist!«, zischte sie und widmete sich wieder ihrem Kleiemüsli.

6

Mom stürmte eilig in Lukes Diner. Sie war wie immer in Eile, doch sie wollte Luke unbedingt noch einige Entwürfe für die neuen Hotel-Postkarten und -Schreibblöcke zeigen. Luke war einer von Moms besten und ältesten Freunden, und bei wichtigen Entscheidungen legte sie Wert auf seine Meinung. Sie ging direkt zur Theke, setzte sich auf einen Barhocker und legte die Entwürfe, die sie fein säuberlich in einer Klarsichtfolie verstaut hatte, vor sich auf den Tresen. Luke stand hinter der Theke. Er hatte Mom zwar gesehen, doch er würdigte sie keines Blickes. Stattdessen bastelte er geschäftig an seiner Kaffeemaschine herum.

»Hey, Luke!«, rief Mom ihm fröhlich zu, doch noch immer reagierte er nicht. Mom wusste sofort, was das bedeutete: Er hatte schlechte Laune. Sehr schlechte Laune, um genau zu sein. In diesem Zustand war Luke ungenießbar, doch Mom beschloss, das heute in Kauf zu nehmen. Sie wagte einen neuen Vorstoß. »Luhuke, hallo! Ich bin's, deine Lieblingskundin Lorelai«, witzelte sie.

»Ich hab zu tun. Also, was willst du?«, brummte er. Er machte sich immer noch nicht die Mühe, sich umzudrehen.

»Einen Kaffee, weiter nichts. Ist bei dir alles okay?«

»Und du willst nichts essen?«, fragte er.

»Nein!«

Das war ungewöhnlich. So ungewöhnlich, dass Luke

sich nun endlich Mom zuwandte und sie erstaunt ansah. »Sicher?«

»Ja, ich hätte bloß gern einen Kaffee. Und dann will ich dir was zeigen. Wir haben jetzt die Proben von den Notizblöcken und Postkarten für das Hotel.«

»Was?« Luke verstand nur Bahnhof.

Mom erklärte ihm, dass in jedem Hotel für gewöhnlich Papier und Postkarten in den Zimmern bereitlagen, damit Gäste nach Hause schreiben können.

»Die benutzt doch kein Schwein«, maulte Luke.

»Oh, doch, natürlich«, widersprach Mom empört.

»Ich habe noch nie aus einem Hotel eine Karte geschickt oder irgendwelche Notizblöcke benutzt. Also, was willst du jetzt?«

»Hab ich doch gesagt«, erklärte Mom ungehalten. So langsam riss ihr der Geduldsfaden. Sie nahm die Entwürfe aus der Klarsichtfolie und hielt sie Luke unter die Nase. »Was ist denn nur los mit dir?«, fragte sie stirnrunzelnd.

Luke warf einen sehr kurzen Blick darauf und gab Mom alles wieder zurück. »Alles bestens. Das Papier ist wundervoll und die Postkarten ebenfalls. Ich hole dir einen Kaffee.«

Er schenkte Mom eine Tasse ein und knallte sie ihr auf den Tresen.

Mom wich erschrocken zurück. »Und? Willst du drüber reden?«, fragte sie vorsichtig.

»Worüber?«

»Über das, was dich in diese fröhliche Stimmung versetzt hat.«

Luke räusperte sich verlegen. Dann endlich rückte er mit der Sprache heraus. »Ich habe heute nicht meine Socken an«, eröffnete er Mom mit Grabesstimme.

»Äh, was?« Mom blickte ihn an, als wäre er ein Außerirdischer.

»Ich habe heute nicht meine Socken an«, wiederholte Luke und sprach dabei sehr langsam und deutlich.

Mom wusste nicht, was Luke ihr damit sagen wollte, doch sie beschloss, es herauszufinden. »Sie gehören jemand anderem?«, fragte sie behutsam.

»Ja. Ich habe die Socken von jemand anderem an.«

Es war Mom unangenehm, doch sie hatte noch immer keinen blassen Schimmer, was das bedeuten sollte.

»Ich habe in Nicoles Wohnung übernachtet«, erklärte Luke schließlich.

»Wieso Nicoles Wohnung?«, fragte Mom stirnrunzelnd. »Bis gestern gehörte die Wohnung noch euch beiden zusammen.«

Luke überhörte die Frage. »Ich habe verschlafen«, sagte er stattdessen. »Und einfach irgendwelche Socken angezogen. Und erst als ich schon fast hier war, habe ich geschnallt, dass sie jemand anderem gehören, klar?«

So langsam fiel bei Mom der Groschen.

»Und du hast keinen Zweifel daran?«, fragte sie ungläubig.

»Hey, wenn es irgendwas in diesem Leben gibt, was ich genau weiß, dann, welche meine Socken sind. Ich kaufe immer dieselbe Marke, und das schon seit vielen Jahren. Meine Socken sind weiß und haben rote Streifen, und diese sind weiß mit goldenem Streifen, und sie haben so eine komische Polsterung an den Zehen.«

»Vielleicht hat irgendjemand im Waschsalon die Socken aus Versehen im Trockner liegen lassen, und dann …«

»Nein, ich geh nie in Waschsalons«, unterbrach Luke sie.

»Vielleicht sind es Nicoles Socken, ihre Sportsocken oder so …«, sagte Mom, doch als Luke ihr einen vernichtenden Blick zuwarf, hielt sie inne. »Okay«, sagte sie. »Du hast heute nicht deine Socken an.«

»Ich habe heute nicht meine Socken an!«, nickte Luke grimmig.

Paris und ich hatten uns so dick eingepackt, dass wir uns kaum noch bewegen konnten. Trotzdem kroch die Kälte erbarmungslos an uns hoch. Kein Wunder, denn wir standen nun schon geschlagene drei Stunden auf dem zugigen Campus und kämpften tapfer um jede Unterschrift für die Gefangenen in Burma. Ich weiß nicht, ob es am Wetter lag oder einfach nur daran, dass sich kein Mensch für Burma interessierte. Jedenfalls hatten wir bis jetzt ganze drei Unterschriften zusammengekriegt. Zwei davon waren von uns selbst. Ich denke, man könnte das ohne Zweifel als eine magere Ausbeute bezeichnen. Trotzdem: Wir gaben nicht auf. Wir sprachen jeden an, der an uns vorübereilte. Besser gesagt: Wir schrien jeden an. »Die Gefangenen in Burma brauchen eure Unterstützung!«, brüllten wir immer wieder. »Unterschreibt jetzt! Bezieht Stellung!« Doch niemand blieb stehen. Es war frustrierend. So hatte ich mir mein politisches Engagement nicht vorgestellt. »Guck dir die Heuchler bloß an, die an unserem Tisch vorbeigehen«, schimpfte ich. »Die behaupten alle, sie wären politisch so wahnsinnig engagiert, aber nicht einer von denen hält mal zwei Sekunden an und unterschreibt die blöde Petition.«

Paris nickte. »Menschen sind das Letzte!«, erklärte sie grimmig. Doch dann erhellte sich plötzlich ihre Miene, denn endlich, endlich blieb doch jemand stehen. Es war Glenn. Wusste ich doch, dass er ein guter Mensch ist, dachte ich triumphierend. Von wegen Jack the Ripper.

Glenn legte ein angeknabbertes Sandwich auf unserem Tisch ab, zog sein Handy aus der Hosentasche und begann zu telefonieren. Es war kein langes Telefonat. Als er das Gespräch beendet hatte, stopfte er sein Telefon zurück in die

Hosentasche und grinste uns an. »Hi, Mädels«, begrüßte er uns betont lässig und zwinkerte uns zu. Offenbar hatte ihm die Sache mit Janet eine gehörige Portion Selbstbewusstsein eingeflößt. Uns war das jedoch im Augenblick egal. Wir wollten nur eins von ihm, und das war seine Unterschrift.

»Oh, Glenn, ich bin so froh, dass du vorbeikommst«, begann ich überschwänglich. »Denn diese Sache hier geht jeden etwas an, der ein Herz und eine Seele hat.«

»Ungerechtigkeit ist in Burma an der Tagesordnung, und wir müssen jetzt was tun, damit das aufhört«, erklärte ihm Paris mit wichtiger Miene.

Glenn nickte, nahm sein Sandwich und wandte sich zum Gehen.

Ich hielt ihn verzweifelt am Arm fest. »Unterzeichnest du die Petition etwa nicht?«, fragte ich ungläubig.

»Nein, ich habe nur etwas gebraucht, wo ich das Sandwich ablegen kann«, erklärte er, schüttelte meine Hand wie eine lästige Fliege von seinem Ärmel ab und ging weiter.

Ich konnte es nicht fassen. Nie wieder würde ich behaupten, dass Glenn ein guter Mensch sei!

Wir harrten noch eine Weile aus, doch dann spürte ich plötzlich etwas Kaltes, Nasses auf meiner Nasenspitze. Ich blickte gen Himmel. »Ist das etwa Schneeregen?«, fragte ich Paris.

»Und ob«, nickte sie, und im selben Moment raffte sie kurz entschlossen alle Prospekte zusammen, klemmte sie sich unter den Arm und rannte in Richtung Wohnheim davon. Ich klappte unseren Tisch zusammen, klemmte ihn unter meinen Arm und lief ihr nach, so schnell ich konnte. Wir legten den Weg vom Campus in unser Zimmer in Rekordgeschwindigkeit zurück. Pudelnass und durchgefroren stürmten wir hinein, rissen uns unsere klammen Sachen vom Leib und schlüpften bibbernd und schlotternd in unsere Betten. Wir wickelten uns ganz fest in unsere dicken Federdecken ein und warteten darauf, dass unsere unterkühlten Körper wieder eine halbwegs normale Temperatur annahmen.

Wir schlotterten eine ganze Weile so vor uns hin. Keiner von uns beiden sagte etwas, denn wir waren viel zu sehr damit beschäftigt, wieder warm zu werden.

Irgendwann brach Paris endlich das Schweigen. »Wir sind Weicheier«, stellte sie fest. »Wir würden nie in Burma überleben!«

»In Burma ist es wenigstens warm«, erwiderte ich.

»Wir haben ein Wetter, wie es in den Romanen von Dickens herrscht. Wir müssten jetzt draußen im Regen auf Fischzug für Fagin gehen.«

Bei dem Gedanken fing ich direkt wieder an zu bibbern. »Eigentlich müsste es längst Frühling sein. Wieso ist es so kalt?«, jammerte ich.

»Wir haben den kältesten Winter in der Geschichte des Winters.«

Ich schloss die Augen und hörte in mich hinein. »Mein Gehirn!«, entfuhr es mir plötzlich entsetzt.

Paris richtete sich auf und starrte mich fragend an.

»Es hört sich eingefroren an. Ist denn so was möglich?«

Sie antwortete nicht. Sie starrte vor sich hin, beinahe apathisch. »In Florida ist es schon warm«, murmelte sie plötzlich leise.

»Was?«, fragte ich. Ich war mir sicher, dass ich sie nicht richtig verstanden hatte.

»Ach, nichts.« Paris winkte ab.

»Sagtest du ›Florida‹?«, hakte ich noch einmal nach.

»Nein. Doch.«

Ich sah entsetzt zu ihrem Bett hinüber. »Ist das dein Ernst?«

Sie zuckte mit den Schultern. »Wer weiß?«

»Aber … aber das heißt Beach-Partys«, stammelte ich.

»Ich weiß.«

»Lauter wild gewordene Mädchen und Twist tanzende Jungs. Wir haben mit so was überhaupt nichts am Hut.«

»Stimmt, aber mir ist gerade so kalt, dass ich glaube, eine ganze Woche mit einer Bande zugedröhnter Weiber und johlender College-Bubis ist doch ein fairer Preis für ein bisschen Wärme.«

»Wärme«, echote ich, und bei dem Gedanken huschte ein Lächeln über mein Gesicht.

»Wärme«, hauchte Paris, und ihre Augen nahmen einen sehnsüchtigen Ausdruck an.

Wir hatten es tatsächlich getan. Wir hatten Glenn und Janet angerufen und ihnen gesagt, dass wir mit von der Partie sein würden. Inzwischen plagten mich die schlimmsten Zweifel, doch nun gab es kein Zurück mehr.

Am Freitag fuhr ich erst mal nach Stars Hollow, denn für Florida brauchte ich leichte Kleidung, und meine Sommergarderobe befand sich restlos zu Hause bei Mom. Als ich ihr von unseren Urlaubsplänen erzählte, war sie ziemlich überrascht, und sie machte sich Sorgen, dass mir etwas zustoßen könnte. Aber sie freute sich auch für mich und gönnte mir von Herzen die paar freien Tage in der Sonne. Deshalb unterstützte sie meinen Plan tatkräftig und half mir am nächsten Morgen sogar beim Packen. »Mom, wo ist mein Badeanzug?«, fragte ich sie, als wir fast alles Nötige in meiner kleinen Reisetasche verstaut hatten.

»Hast du überhaupt einen?«, fragte sie.

»Selbstverständlich habe ich einen!«, gab ich empört zurück.

»Wann hattest du ihn zuletzt an?«

»Das weiß ich nicht mehr.«

»Hast du da noch mit Quietscheentchen gespielt?«

»Nein. Ich denke, nicht.«

»Such du in der Kommode, und ich sehe in deinem Schrank nach«, schlug Mom vor.

Ich nickte und öffnete die Schublade der Kommode in meinem Zimmer. Sie quoll beinahe über. Ich wühlte in uralten Strumpfhosen, Gürteln und T-Shirts herum und hoffte, ich würde irgendwann auf meinen ebenso uralten Badeanzug stoßen. Hier musste dringend mal aufgeräumt werden.

Mom hatte offenbar ganz andere Probleme. Während sie jeden Millimeter meines Kleiderschranks absuchte, kam ihre Sorge um mich wieder hoch. »Also, noch mal, ja?«, sagte sie. »Wer von euch fährt?«

»Glenn«, erwiderte ich geduldig, obwohl ich ihr das schon dreimal erzählt hatte. »Es ist der Wagen seiner Mutter.«

»Und Glenn, ist der ein guter Autofahrer?«, wollte Mom wissen.

»Ich habe keine Ahnung«, erwiderte ich ehrlich.

»Kind, du musst lernen zu lügen«, wies Mom mich zurecht.

Glenn ist sehr verantwortungsbewusst«, log ich also. »Er macht das bestimmt gut.«

»Ist es da, wo ihr wohnt, auch ungefährlich?«

»Ja.«

»Du lernst ja echt schnell«, nickte Mom anerkennend.

»Ah! A-ha!«, schrie ich und angelte ein dunkelblaues riesiges Etwas aus meiner Kommode. »Mein Badeanzug!«, rief ich triumphierend.

Mom hörte auf, in meinem Schrank zu suchen und betrachtete das hässliche, unerotische Stück Stoff in meiner Hand. »Jetzt müssen wir bloß noch einen passenden Schleier finden«, bemerkte sie sarkastisch.

Ich überhörte diese Bemerkung großzügig und stopfte den Badeanzug zu meinen anderen Sachen in die Reisetasche. Dann schoss mir plötzlich ein Gedanke durch den Kopf. »Hey, hör mal, hätte ich es dir vorher sagen müssen?«, fragte ich Mom.

»Sagen müssen? Was?« Lorelai sah mich erstaunt an.

»Dass ich wegfahre?«

»Oh.« Sie dachte einen Augenblick nach. Dann zuckte sie mit den Schultern. »Keine Ahnung.«

»Ich wohne nicht mehr hier, und jetzt weiß ich nicht, wie ich damit umgehen soll.«

Mom nickte nachdenklich. »Na ja«, sagte sie schließlich. »Ich denke, solange ich es weiß und das Gefühl habe, ein Vetorecht zu besitzen, ist es okay.«

»Du hast also ein Vetorecht?«

»Nein. Ich habe das Gefühl, als hätte ich ein Vetorecht. Das ist etwas vollkommen anderes.«

»Okay«, nickte ich.

»Aber du rufst mich ganz oft von dort an, ja?«

»Mach dir keine Sorgen. Ich will da nur ein bisschen Sonne tanken und lesen, nichts weiter.«

»Ich weiß, ich weiß. Nur sind es immer die artigen Kinder, die sich mit Alkohol nicht auskennen, die mal an einer Bowle nippen und dann aus dem Fenster stürzen.«

»Also ärgert es dich, dass du mich nicht das Trinken gelehrt hast?«

»Du sagst es«, nickte Mom.

»Okay«, grinste ich. »Schnapp dir eine Flasche und ein paar Gläser, und wir legen los.«

»Lieber nicht. Jetzt mal im Ernst: Stürz bloß nicht aus dem Fenster.«

»Nicht mal aus einem im Erdgeschoss«, versprach ich.

»Und trink nicht!«, sagte Mom. »Und nachdem du nichts

getrunken hast, trink reichlich Wasser und schluck zwei Aspirin vor dem Schlafengehen.«

»Ist gut.«

»Und nimm Paris überallhin mit. Es kann nicht viel passieren, wenn sie in der Nähe ist.«

»Ist gut«, erwiderte ich mechanisch, und ich war froh, als draußen endlich ein Auto mit quietschenden Reifen hielt und kurz darauf ein lang gezogenes Hupen ertönte.

»Da sind sie«, rief ich, schnappte mir meine Reisetasche und rannte hinaus.

Mom lief mir nach. »Wollt ihr nicht vorher noch zu einem Geschäft fahren, wo du einen neuen Badeanzug kaufen kannst?«, fragte sie.

»Meiner reicht völlig«, erwiderte ich.

»Klar, ist ja auch sehr bequem, wenn man, ohne sich umzuziehen, vom Strand in eine Moschee gehen kann.«

Ich wollte eine passende Antwort geben, doch ich kam nicht mehr dazu. Was sich vor unserer Haustür abspielte, war einfach zu faszinierend. Glenn, trotz eisiger Kälte in Shorts und Hawaiihemd, tigerte verzweifelt um sein Auto herum und versuchte Paris dazu zu bewegen, den Platz auf der Fahrerseite freizugeben. Mom und ich sahen uns an und mussten unwillkürlich lachen.

»Es ist mein Ernst«, rief Glenn gerade und fuchtelte wild mit den Armen in der Luft herum. »Paris. Steig sofort aus!« Sein Gesicht war puterrot, und ich fragte mich, ob die Kälte oder seine Wut daran schuld waren. Vermutlich beides.

Paris saß stoisch auf dem Fahrersitz und rührte sich nicht vom Fleck. Immerhin ließ sie sich aber dazu herab, die Scheibe herunterzukurbeln und ihren Kopf hinauszustecken. »Nein, *ich* werde fahren«, brüllte sie.

»Du fährst genauso, wie man es von dir erwarten würde«, brüllte Glenn zurück.

»Wie soll ich das verstehen?«

»Du wechselst dauernd die Spur, rast wie eine Irre, bedrängst die anderen ...«

»Der vor uns fuhr langsam wie 'ne Schnecke«, verteidigte sich Paris empört.

»Das war ja auch ein Fahrschulauto!«

»Man geht doch zur Schule, um etwas zu lernen. Ich habe ihnen etwas für ihr Geld geboten.«

Glenn schüttelte schnaufend den Kopf. Gegen so viel Logik kam er einfach nicht an.

»Hey, Leute«, rief ich, ging auf die beiden zu und drückte Glenn meine Reisetasche in die Hand.

»Hi«, begrüßte Paris mich. »Los, wir haben es eilig. Halt dich fern von Glenn.«

Ich nickte brav. Ich wusste, wenn Paris so schlechte Laune hatte wie heute Morgen, war es besser, genau das zu tun, was sie sagte. Während Glenn meine Reisetasche im Kofferraum verstaute, öffnete sich die hintere Tür, und Janet krabbelte heraus. »Zum Glück bist du da«, sagte sie genervt und sah mich erleichtert an. Offenbar hatten Paris und Glenn während der ganzen Fahrt hierher gestritten, und die arme Janet hatte das alles über sich ergehen lassen müssen. So hatte sie sich ihre Fahrt nach Florida sicher nicht vorgestellt.

Inzwischen war Mom zu uns ans Auto gekommen. Ich stellte ihr Glenn vor, und sie musterte ihn verwundert von oben bis unten. »Hi«, sagte sie schließlich. »Ich bin Lorelai. Freust du dich schon auf den Strand und das Meer?«

»Na, und ob!«, antwortete Glenn.

Mom rieb sich ihre eiskalten Hände. »Trotzdem ist es nicht nötig, in den Sachen loszufahren, die du dort brauchst. Du kannst dich vorher noch umziehen«, erklärte sie ihm freundlich.

»Ich friere nicht!«, behauptete Glenn, und ich war fast

versucht, ihm zu glauben. Dieser Typ war einfach schmerzfrei.

»Nein, natürlich nicht«, erwiderte Mom bibbernd, und während sie sprach, gefror ihr Atem in der Luft.

»Und? Wie kommt es, dass Paris fährt?«, wagte ich zu fragen.

»Müssen wir das schon wieder durchkauen?«, motzte Paris.

»Ich wusste nicht, dass das schon durchgekaut wurde«, erwiderte ich.

»Ich halte es in keinem Auto aus, wenn jemand anders fährt. Wenn ich schon durch einen Unfall sterbe, will ich ihn wenigstens selbst verschulden.«

Ich warf Mom einen Seitenblick zu. Wie ich vermutet hatte, verdunkelte sich ihre Miene merklich, doch bevor sie etwas sagen konnte, drückte ich ihr einen Abschiedskuss auf die Wange und schlüpfte schnell auf die Rückbank des Wagens. Janet und Glenn stiegen ebenfalls ein.

»Mach's gut. Und kein Fenstersturz!«, rief Mom noch, dann startete Paris den Motor und brauste mit quietschenden Reifen davon.

7

Paris drückte aufs Gaspedal und brauste, alle Geschwindigkeitsbegrenzungen konsequent missachtend, gen Florida. Glenn, Janet und ich saßen blass und schweigend auf unseren Plätzen und beteten, dass wir uns nicht um den nächsten Baum wickelten.

Es half. Wider Erwarten kamen wir gesund und munter in Florida an, und zwar drei Stunden schneller, als der Routenplaner errechnet hatte. Paris parkte den Wagen direkt vor dem kleinen Hotel und sprang heraus. Wir anderen stiegen ebenfalls aus und reckten uns erst mal kräftig, um unsere steifen Knochen wieder in Schwung zu bringen.

Als Erstes registrierte ich, dass es warm war. So richtig schön angenehm warm, und das, obwohl es bereits acht Uhr abends war. Dann bemerkte ich, dass vor, neben und in unserem Hotel die Hölle los war. Überall wimmelte es von lärmenden, betrunkenen jungen Menschen, und aus jedem Fenster dröhnte Musik. Als ich mich umsah, stellte ich fest, dass das nicht nur für unser Hotel galt, sondern für alle, die sich dicht an dicht in dieser Straße reihten. Ich wusste, was das bedeutete. Wir waren mitten auf einer Partymeile gelandet! Und das wiederum bedeutete, dass dies ganz sicher kein erholsamer Urlaub werden würde!

Glenn hatte inzwischen unser Gepäck aus dem Kofferraum gehievt. Nun machte er Anstalten, es ganz gentlemanlike hinauf in das Hotel zu schleppen. Doch Paris hielt ihn davon ab, steckte einem Hotelboy eine Dollarnote zu und deutete mit dem Kinn auf unsere Taschen. Es funktionierte. Der junge Kerl schulterte kurzerhand unser gesamtes Hab und Gut und beförderte es hinauf in die Lobby. Wir trotteten hinter ihm her, begaben uns an die Rezeption und checkten ein. Nachdem wir unsere Schlüssel erhalten hatten, machten Paris und ich uns auf den Weg in unsere Zimmer. Paris hatte alle Hotelmitarbeiter, die uns inzwischen begegnet waren, mit Dollarnoten überhäuft, was unter anderem dazu geführt hatte, dass wir eines der besten Zimmer bekamen und unser Gepäck dort schon auf uns wartete.

»Die Leute machen oft den Fehler, erst Trinkgeld zu geben, wenn sie abreisen«, erklärte sie. »Aber ich tue das immer schon zwischendurch. So wissen sie nie genau, wann die Geldquelle versiegt. Und sie werden nie im Zimmer herumschnüffeln oder einen beklauen.« Ich nickte, während sie unsere Zimmertür aufschloss. Wir traten ein und sahen uns neugierig um. Das Zimmer war klein, aber sauber und gemütlich.

»Ganz okay«, sagte Paris zufrieden, steuerte auf eines der Betten zu und schlug die Decke zurück. Dann warf sie sich auf die Matratze und begann, sich hin- und herzuwälzen wie ein Schwein im Dreck. Ich beobachtete ihr Treiben eine Weile und fragte mich, was wohl in sie gefahren sein mochte. Irgendwann deutete sie auf das Bett, das ich mir ausgesucht hatte. Es stand genau neben dem von Paris. »Nimm die Decke weg und wälz dich«, befahl sie.

»Wieso?«, wollte ich wissen.

»Wir teilen uns das Zimmer mit vier anderen, Rory, und mit Sportler-Barbie. Wir sollten unser Revier kennzeichnen.«

»Ja, und anschließend erhöhen wir deine Dosis«, nickte ich.

Paris ließ sich nicht beirren. »Wenn hier einer auftaucht, und er sieht eine Delle im Bett und vielleicht ein Haar auf dem Kissen, dann weiß derjenige, dass das Bett schon belegt ist, und er nimmt die Couch oder das Klappbett.«

»Das ist krank«, stöhnte ich. Dann legte ich mich auf das Bett und wälzte mich nach Paris' Vorbild hin und her. »Oh, und ich hätte gedacht, ich käme mir blöd vor«, sagte ich sarkastisch.

»Blöd, aber dafür ausgeruht«, konterte Paris.

»Wie lange soll das so gehen?«, schnaubte ich. Mir war schon ganz schwindlig.

»Ich denke, das reicht«, erlöste mich meine Zimmergenossin nach einer Weile, und ich setzte mich erleichtert auf.

Mom übernachtete in dieser Nacht bei ihrem Freund Jason. Seit ich nicht mehr zu Hause wohnte, tat sie das ab und zu. Es war einfach bequemer. Wenn sie den Abend sowieso bei ihm verbrachte, konnte sie auch direkt da bleiben, statt sich in das kalte Auto zu setzen und nach Hause zu fahren. Außerdem mochte sie Jasons Wohnung. Man könnte sagen, dass sie sich dort richtig wohl fühlte.

Als Mom am nächsten Morgen aufwachte, registrierte sie sofort, dass sie verschlafen hatte. Als sie tief durch die Nase einatmete, vernahm sie einen köstlichen Duft von gebratenen Eiern. Sehr gut, dachte sie. Jason hat schon Frühstück gemacht. Sie sah auf die Uhr, sprang erschrocken aus dem Bett, kleidete sich an und sprintete die Treppe hinunter in die Küche. Da stand Jason, genau wie sie vermutet hatte, am Herd. Der Tisch war auch schon gedeckt, und der Kaffee dampfte, frisch aufgebrüht, vor sich hin. Dieser Mann ist einfach perfekt, dachte Mom, ging zu ihm hinüber und umarmte ihn. »Hi«, sagte sie. »Hab schon wieder verschlafen.«

»Ich weiß«, nickte Jason.

»Wieso hast du mich nicht geweckt?«

»Das wollte ich. Aber du hast mich gebissen.«

Mom machte sich los und sah ihn ungläubig an. »Ich habe dich nicht gebissen.«

Jason deutete wortlos auf seine linke Hand, auf der allmählich ein riesiges, blauviolettes Hämatom sichtbar wurde.

»Oh, offenbar doch. Cool.« Mom nahm sich eine Tasse und schenkte sich Kaffee ein.

Jason reichte ihr einen gefüllten Teller. »Hier, iss das, bevor es kalt wird.«

»Es gibt French Toast?«

»Ich hatte noch so viel Energie, nachdem ich joggen war.«

»Du warst joggen?«

»Ich habe gewartet, dass die Wäsche trocknet, und die Zeitung kann ich auswendig …«

»Du hast schon einen Tag erlebt, bevor ich wach wurde«, stellte Mom fassungslos fest. Das war ja schrecklich. In Zukunft würde sie sich überlegen, ob sie noch einmal bei Jason übernachtete.

»Möchtest du gebratenen Speck?«, fragte er jetzt auch noch.

»Du hast nach dem Joggen und vor dem French Toast noch ein Schwein geschlachtet?«

»Ja. Und das Problem mit der Ozonschicht und der kaputten Umwelt … alles geklärt«, grinste er.

»Du bist ein Ökoheld.«

»Jetzt iss!«, sagte Jason und deutete auf den French Toast, der langsam kalt wurde.

»Oh, nein, geht leider nicht«, sagte Mom mit einem Blick auf ihre Armbanduhr. »Ich fahre jetzt gleich zum Drucker und hole die Broschüren ab, denn die muss ich heute verschicken. Aber hast du vielleicht ’ne Tüte?«

»Äh, ja. Hier.« Jason zog einen kleinen Gefrierbeutel aus einer Schublade und reichte ihn ihr.

Mom ließ den French Toast von ihrem Teller in die Tüte gleiten, schüttete noch ein wenig Tabasco oben drauf und verknotete den Beutel fest, damit nichts auslaufen konnte.

»Was tust du da?«, fragte Jason. Sein Gesicht hatte einen ziemlich angewiderten Ausdruck angenommen.

»Das ist French Toast für unterwegs. Die anderen Autofahrer machen das auch so«, erklärte Mom. Sie zog Jason an sich und küsste ihn noch einmal zum Abschied. »Ich ruf dich nachher an«, versprach sie. »Dann planen wir das Wochenende.« Mit diesen Worten löste sie sich von ihm und machte Anstalten zu gehen.

Doch Jason hielt sie sanft zurück. »Augenblick noch, Lorelai«, sagte er, wühlte in seiner Hosentasche und förderte einen Schlüssel zutage, den er meiner verdutzten Mom unter die Nase hielt.

»Ein Schlüssel?« Mom sah ihn verwundert an.

»Ja, ein Schlüssel für meine Wohnung.«

»Oh, gut. Soll ich jemanden für dich reinlassen?«

»Nein. Äh…«, druckste er herum. »Das ist nur ein Ersatzschlüssel. Ich dachte, wenn du hier vorbeikommst und ich bin noch nicht da, dann musst du nicht draußen im Flur warten.«

»Ah«, nickte Mom. »Okay.«

»Oder wenn du eine schwere Tasche dabei hast und nicht warten kannst, bis ich die Tür öffne, ist er sehr nützlich.«

»Alles klar«, sagte Mom schnell, doch es klang ein wenig verwundert. Jason stammelte so komisch herum, und sie fragte sich, was mit ihm los war.

»Das hat nur praktische Gründe. Ist nichts Besonderes«, beeilte er sich noch einmal zu erklären.

»Gut.«

»Natürlich musst du ihn nicht annehmen.«

»Doch, das tue ich gern.«

»Ich weiß doch auch, wie das ist. Du hast deine Schlüssel alle an deinem Bund, und wenn du einen neuen ranmachst, ist das ganze Schlüsselbund zu schwer«, sagte er plötzlich, und Lorelai verstand nur noch Bahnhof. Wollte er jetzt, dass sie den Schlüssel nahm, oder wollte er es nicht? Er sollte sich nur mal entscheiden, dachte sie, denn so langsam lief ihr die Zeit davon. »Weißt du, wenn du denkst, ich sollte ihn nicht nehmen …«

Doch Jason schüttelte energisch den Kopf. »Behalt ihn!«, erklärte er entschlossen.

»Ganz sicher?«

»Wenn du willst.«

»Das eine wie das andere ist mir recht.«

»Es ist okay für mich, wenn du ihn nimmst!«

»Also, was denn nun?«

»Ganz egal.«

»Dann stecke ich ihn ein, okay?« Mom lachte. »Und danke für den French Toast.«

»Danke für die Bissverletzung«, erwiderte Jason.

»Jederzeit«, sagte Mom und ging kopfschüttelnd hinaus.

Trotz des Lärms, der den ganzen Abend nicht nachlassen wollte, hatten wir die erste Nacht in Florida gut überstanden.

Am nächsten Morgen nach dem Frühstück beschlossen Janet, Paris und ich einstimmig, an den Strand zu gehen. Wir packten schnell unsere Sachen und machten uns auf den

Weg. Nach etwa fünf Minuten Fußmarsch waren wir angekommen. Obwohl es noch nicht einmal Mittag war, war hier schon alles komplett überfüllt. Paris bahnte sich ihren Weg durch Handtücher, Liegestühle und Sonnenschirme, und wir trotteten brav hinter ihr her. »Hier ist es«, sagte sie schließlich und machte an einem geräumigen Zeltpavillon Halt. Sie schnappte sich einen der drei Liegestühle, die dort bereitstanden, warf ihre Tasche in den Sand und begab sich wohlig seufzend in Liegeposition.

»Wo kommt denn das Zelt her?«, fragte ich, doch noch bevor sie etwas sagte, wusste ich die Antwort.

»Toby«, erklärte Paris und gähnte. »Für ein Trinkgeld macht der alles!«

Ich sah mich um. Überall rannten junge Typen in leuchtend orangefarbenen T-Shirts herum. Es waren alles Jungs, die hier am Strand jobbten. Paris musste einen von ihnen im Hotel getroffen, bestochen und ihn dann instruiert haben. Sie war wirklich unglaublich. »Welcher ist denn Toby?«, fragte ich neugierig.

»Der mit dem Pflaster an der Hand. Er hat sich an der Zeltstange geschnitten. Ich habe ihm noch einen Zehner gegeben.«

Ich nickte, schnappte mir nun ebenfalls einen Liegestuhl und ließ mich darauf nieder. Trotz des Lärms um uns herum machte sich in mir sofort ein Gefühl von Urlaub breit. Sommer, Sonne, Strand und Meer – was will man mehr? Ich atmete die salzige Luft tief ein und schloss die Augen. Doch schon eine Sekunde später öffnete ich sie wieder, denn ich spürte, dass mich jemand anstarrte. Ich setzte mich auf und erkannte, dass Glenn mit offenem Mund vor mir stand. Er sah nicht gut aus. Offenbar hatte er schon in der ersten Nacht ordentlich gefeiert, und seiner Fahne nach hatte er dabei Alkohol in rauen Mengen zu sich genommen. Und nicht nur das. Als ich ihn genauer betrachtete, wurde mir klar, dass Alkohol bestimmt nicht die einzige Droge war, die er seinem Körper zugemutet hatte. Seine Augen waren rot und verquollen, und er sah aus, als könnte er nicht bis drei zählen.

»Cooles Zelt!«, sagte er, und er sprach dabei sehr langsam. »Wo haben wir das her?«

Ich winkte ab. »Frag lieber nicht, Glenn. Das hat mit den Schuldgefühlen der herrschenden Klasse zu tun.«

»Okay«, murmelte er. Dann fiel sein träger Blick auf Janet, die Shorts und T-Shirt abgelegt hatte und ihren perfekten Körper nun im Bikini präsentierte. Glenn stierte sie an, oder besser gesagt, er stierte ihren perfekten Körper an. »Du siehst klasse aus«, brachte er schließlich heraus.

»Danke, Glenn«, erwiderte sie gleichgültig.

Erst ein Hotdog-Verkäufer, der in einiger Entfernung seine Ware anzupreisen begann, konnte Glenn dazu bewegen, seinen Blick von Janet abzuwenden. Er drehte sich um, hauchte leise »Hotdogs« und taumelte davon.

Janet, Paris und ich sahen ihm kopfschüttelnd nach. Dann kramte ich mein Buch aus der Tasche und versuchte, ein paar Zeilen zu lesen. Doch irgendwie konnte ich mich nicht recht auf das Gedruckte konzentrieren. »Mann, ist das ein Krach hier«, stöhnte ich. »Ich hätte nie gedacht, dass es am Strand so laut sein kann.«

Paris deutete auf ein paar Jungs, die versuchten, so etwas wie Beachvolleyball zu spielen. »Kein Wunder, wenn vor einem eine Bande von Hunnen versucht, Top Gun nachzuspielen.« Paris hatte es noch nicht ganz ausgesprochen, als der Volleyball zu uns herüberflog und mich beinahe am Kopf traf.

»Hey! Werft ihn wieder her!«, rief einer der Spieler zu uns herüber.

»Nein!«, rief Paris zurück.

Dem Hunnen blieb nichts anderes übrig, als zu uns herüberzukommen, um sich den Ball selbst zu holen.

»Was willst du hier?«, maulte Paris ihn an.

»Ich brauche meinen Ball«, erwiderte der Typ.

»Das ist längst nicht alles, was du brauchst!«

Janet stöhnte und gab dem Jungen seinen Ball zurück. »Achte nicht auf sie. Das mag sie«, sagte sie und deutete mit dem Kinn auf Paris.

Nachdem der Typ samt Ball verschwunden war, schnappte sich Janet ein Handtuch und ihre Taucherbrille. »Ich werde jetzt mal eine Runde schwimmen gehen, Leute«, verkündete sie.

Das schlechte Gewissen meldete sich prompt bei mir. »Du treibst auch in den Ferien Sport?«, fragte ich zerknirscht. Ich konnte mich nicht daran erinnern, wann ich das letzte Mal überhaupt Sport getrieben hatte.

»Davon werde ich high«, gab Janet ironisch zurück. »Versuchs doch auch mal.«

»Gut. Ich komm dann gleich nach«, sagte ich, schnappte mir mein Buch und dachte mir, dass Lesen ja in gewissem Sinne auch eine Art Sport ist. Sport fürs Gehirn.

Janet trabte davon, und ich reckte mich wohlig in meinem Liegstuhl.

Paris cremte sich sorgfältig ein. Sie hatte panische Angst vor Sonnenbrand und Hautkrebs. Als sie fertig war, nahm auch sie ein Buch zur Hand, und wir vertieften uns trotz Strandparty und Lärm beide in unsere Lektüre. Allzu lange dauerte dieser beschauliche Zustand jedoch nicht an. Schon wenig später ließ sich ein riesiger Trupp kreischender Jugendlicher neben unserem Zelt im Sand nieder. Paris und ich sahen entnervt von unseren Büchern auf und begutachteten die Neuankömmlinge. Es waren so viele, dass wir eine

Weile brauchten, bis wir entdecken, dass sich unter ihnen zwei uns wohlbekannte Gesichter befanden.

»Madeleine, Louise?«, rief Paris plötzlich, und aus der Gruppe lösten sich zwei aufgestylte, leicht bekleidete Mädels in unserem Alter. Sie schlenderten winkend und lachend zu uns herüber. Tatsächlich: Die beiden waren Madeleine und Louise. Wir kannten sie noch aus der Highschool. Man könnte beinahe behaupten, dass wir damals Freundinnen waren – na ja, zumindest im weitesten Sinne.

»Rory, Paris! Du meine Güte!«, rief Madeleine und rückte ihren riesigen pinkfarbenen Cowboyhut zurecht.

»Hi, ihr Süßen!«, zwitscherte Louise und warf kokett ihr hüftlanges blondes Haar zurück.

»Ich glaub's einfach nicht«, sagte ich fassungslos. »Was führt euch denn hierher?«

»Die Frühlingsfeten, was sonst?«, lachte Madeleine. Ich mochte sie und Louise, auch wenn sie für meinen Geschmack ziemlich oberflächlich waren. Aber sie waren nett, hilfsbereit und taten keiner Fliege etwas zu Leide. Hier in Florida waren die beiden hübschen Mädchen offenbar voll in ihrem Element. Ich hätte mir denken können, dass sie hier Urlaub machten. Sie hatten schon immer gern Partys gefeiert.

»Mensch, ich finde es klasse, euch hier zu sehen!«, sagte Louise überschwänglich. »Also, seit wann seid ihr hier?«

»Seit gestern Abend!«, erwiderte Paris, und irgendwie hatte ich das Gefühl, dass sich ihre Begeisterung über das Wiedersehen mit den beiden in Grenzen hielt.

Ich betrachtete meine beiden alten Schulfreundinnen von oben bis unten. Sie trugen Glitzeroutfits, waren wahnsinnig gut gelaunt und schienen sich hier richtig wohl zu fühlen. Wenn dieser Urlaub kein absoluter Reinfall werden sollte, sollten wir uns an die beiden dranhängen, dachte ich.

Offenbar hatten sie den Dreh raus, wie man hier richtig Spaß bekam.

»Amüsiert ihr euch hier, ihr beiden?«, fragte ich sicherheitshalber noch einmal nach, doch ich wusste die Antwort schon.

»Viel besser als die anderen, die sich hier rumtreiben«, erwiderte Louise. »Es hat zwei Wochen gedauert, bis wir wussten, wie der Hase läuft, aber jetzt gehört die Stadt uns!«

»Das wird die Tourismusbehörde freuen«, entgegnete Paris missmutig.

Louise drehte sich zu ihr um: »Florida zu Springbreak ist der letzte Ort, wo ich Paris Geller erwarten würde«, sagte sie schließlich verwundert.

Paris hob beide Hände. »Hey, ich bin immer offen für Neues.«

»Dann müssen wir dafür sorgen, dass ihr es auch richtig anstellt«, erklärte Madeleine, und das war genau das, was ich hören wollte.

»Wisst ihr, es gibt Regeln. Erstens ist es wichtig, jeden Abend den richtigen Club zu finden. Das ändert sich dauernd. Was gestern angesagt war, ist heute out.«

»Wählt eure Schlafzeiten so, dass ihr möglichst viel feiern könnt«, warf Madeleine ein. Schlaft von mittags bis nachmittags, dann habt ihr genug Durchhaltevermögen.«

»Okay«, nickte ich. »Merkst du dir das, Paris?«

Paris sah Madeleine und Louise an. »Waren wir früher wirklich befreundet?«, fragte sie stirnrunzelnd.

Madeleine überhörte die Frage großzügig. »Sie checken die Ausweise in den Clubs«, fuhr sie unbeirrt fort. »Aber davor kann man sich drücken. Mit heftigen Flirts, einer sexy Stimme, und wenn gar nichts mehr geht, müsst ihr knutschen.«

»Mit wem denn?«, fragte ich entsetzt.

»Miteinander«, erwiderte Louise knapp.

»Äh, wie bitte?« Paris hatte sich in ihrem Liegestuhl aufgerichtet und starrte Louise ungläubig an.

»Wir haben festgestellt, wenn wir wild rumknutschen, kriegen wir alles von den Typen. Viele Drinks, was zu essen …«

»T-Shirts, Bootsfahrten, Frisbees …«, fiel Madeleine ihr ins Wort. »Ohrringe, Jetski …«

»Okay, danke«, unterbrach ich ihren Redefluss. »Das ist ein guter Tipp.«

»Ja«, nickte Paris zustimmend. »Und für ein Pfefferminzbonbon ziehe ich nachher mein Höschen aus.«

Madeleine sah auf die Uhr und sprang erschrocken auf. »Louise, es ist eins«, rief sie. »Wir müssen jetzt schnell ins Bett. Wir treffen uns dann heute Abend!« Mit diesen Worten stolzierten die beiden davon, und ich bezweifelte plötzlich, dass es eine gute Idee war, hier richtig mitzufeiern. Ich bezweifelte inzwischen sogar wieder, dass es eine gute Idee gewesen war, überhaupt hierher gekommen zu sein.

8

Paris war mit mir einer Meinung, und so beschlossen wir, am Abend keine Party zu feiern, sondern den Pizzadienst anzurufen und *Die Macht der Mythen* auf Video zu gucken. Wir machten es uns auf unseren Betten bequem, schoben das Band aus der Videothek in den Rekorder und begannen genüsslich, unsere Pizza zu verspeisen. Paris hatte einen kurzen Augenblick mit dem Gedanken gespielt, sich statt der Pizza einen gesunden Salat zu bestellen, ihn aber sofort wieder verworfen. Urlaub war schließlich Urlaub, hatte sie entschlossen erklärt, und ich konnte ihr da nur zustimmen.

Nun verschlangen wir also beide unsere Quattro Stagioni in Rekordgeschwindigkeit und widmeten uns ganz unserem Videofilm. Irgendwann nahm der Lärm vor unserem Hotel jedoch solche Ausmaße an, dass wir nicht anders konnten, als die Pause-Taste zu drücken, unser Bett zu verlassen und aus dem Fenster zu blicken. Draußen auf der Straße und überall um uns herum wurde gefeiert, als gäbe es kein Morgen, und plötzlich fragten wir uns doch, ob es richtig war, nicht mitzumachen. Ein ganz klein wenig hatten wir gerade das Gefühl, etwas zu verpassen. Wir beschlossen, den heutigen Abend trotzdem vor dem Fernseher zu verbringen, und einigten uns darauf, es am nächsten Tag anders zu machen.

Gesagt – getan. Am nächsten Abend ließen wir keine Pizza kommen, und wir liehen auch keinen Film in der Videothek aus. Stattdessen schminkten wir uns vor dem winzigen Spiegel in unserem winzigen Badezimmer und machten uns dann auf den Weg in einen Club, nicht weit von unserem Hotel. Madeleine und Louise hatten uns gesagt, dass dieser Laden, den wir gleich betreten würden, genau heute Abend angesagt war.

Als wir die Schlange vor dem Eingang sahen, wussten wir, dass die beiden nicht gelogen hatten. Wir stellten uns an, und kaum eine Stunde später passierten wir auch schon den Türsteher und marschierten hinein. Drinnen spielte eine Band. Ich hatte keine Ahnung, was sie da spielten. Wie Musik klang es jedenfalls nicht. Dafür war es sehr laut. So laut, dass Paris und ich uns anschreien mussten, um uns zu verständigen. Wir sahen uns missmutig um. Schließlich entdeckten wir Madeleine und Louise an der Bar. Wir gingen zu ihnen hinüber und ließen uns von den beiden zu einem Wodka-Lemon überreden. Schmeckte gar nicht so übel, dachte ich. Irgendwie nicht nach Alkohol. Trotzdem beschloss ich, dass dieser Drink der letzte für heute Abend sein sollte. Schließlich war mein Körper keinen Alkohol gewöhnt.

Nachdem Madeleine und Louise ihren Drink in Rekordgeschwindigkeit geleert hatten, sprangen sie plötzlich auf und rannten davon. Sie hatten ein paar Jungs entdeckt, die sie vom Strand kannten.

Paris und ich blieben an der Bar zurück und sahen uns unschlüssig um. Wie es schien, hatten die Leute hier jede Menge Spaß. Alle tanzten, tranken und lachten um die Wette. Nur wir standen hier blöd herum und fühlten uns unwohl. Wir fragten uns, woran das liegen könnte, und kamen zu dem Schluss, dass wir einfach nicht für solche Partys geschaffen waren. Trotzdem: Wir hatten einmal beschlossen, zu feiern, und wir würden das jetzt auch durchziehen. »Wir könnten tanzen«, schlug ich Paris vor.

»Tanzen. Okay«, sagte sie. Wir drängelten uns auf die Tanzfläche und begannen uns ein wenig zu der Musik, die keine Musik war, zu bewegen. Doch irgendwie wollte der Rhythmus nicht in unser Blut übergehen. Wir hatten das Gefühl, dass wir uns mit unseren steifen Knochen total lächerlich machten, und deshalb ließen wir das mit dem Tanzen schnell wieder bleiben.

»Was ist hier eigentlich los?«, rief Paris plötzlich wütend.

»Wie?«, fragte ich verwirrt. Mir war nicht ganz klar, was sie meinte.

»Wieso amüsiert sich jeder in diesem Laden ganz eindeutig besser als wir? Wir machen doch wirklich alles genau so wie die anderen.«

»Tja, wir können nicht so toll tanzen. Aber wie wir heute so am Pool rumgehangen haben, war sehr gut.«

»Wir strengen uns nicht genug an«, erklärte Paris entschlossen.

»Was redest du für einen Blödsinn? Das ist doch kein Test.«

»Wir sind wegen der Frühlingsfeten hier, also müssen wir alles, was dazugehört, mitmachen.«

»Und? Was sollen wir deiner Ansicht nach noch tun?«

Plötzlich zog Paris mich an sich und gab mir einen dicken, feuchten, sabbrigen Kuss auf meinen Mund. Es war widerlich! Erschrocken fuhr ich zurück und funkelte sie an. »Was sollte denn das jetzt?«, schimpfte ich wütend. »Hast du sie noch alle?«

»Aber Madeleine und Louise tun's auch«, verteidigte sich Paris.

»Madeleine und Louise rennen gern halbnackt durch die

Gegend. Und ich will echt nicht alles tun, was Madeleine und Louise tun.«

»Ich dachte nur …«

»Dann hör auf zu denken, okay?«, unterbrach ich sie sauer. »Deine Gedanken sind wirklich äußerst gefährlich.«

»Rory …«, stammelte Paris und griff nach meinem Arm.

»Geh weg von mir! Du bist nicht mein Typ!«, erklärte ich und machte Anstalten, zu gehen. Ich war wirklich wütend. So etwas Peinliches und Ekliges war mir noch nie passiert, und ich hoffte inständig, dass es niemand bemerkt hatte.

»Warte doch mal!«, rief Paris.

»Was?«

»Und? Wie war ich?«

»Was?«

»Wie küsse ich?«

»Oh, Mann!«, rief ich und ging schnell Richtung Ausgang.

Doch Paris ließ sich nicht abschütteln. Hartnäckig trabte sie hinter mir her. »Das wollte ich schon immer wissen, und einen Kerl zu fragen zeugt von geringem Selbstwertgefühl. Ich habe gelesen, das ist nicht sexy. Also sag mir, wie war ich? Zu steif? Soll ich die Lippen ein bisschen weicher machen, den Mund weiter öffnen, damit es irgendwie einladender ist?«

Paris hatte sie echt nicht mehr alle. »Ich will an die frische Luft«, brummte ich nur und schlängelte mich durch die Menschenmenge, so schnell ich konnte.

»Hey, wo gehst du denn hin?«, fragte plötzlich eine weiche männliche Stimme hinter mir. Ich drehte mich um und blickte einem ziemlich gut aussehenden Typen direkt ins Gesicht. Wow, dachte ich. Der war wirklich schnuckelig. Ein echter Traumprinz. Ich versuchte, nicht rot zu werden, als ich ihm antwortete. »Ähm, kurz raus …«

»Kann ich dich begleiten?«, fragte er lächelnd.

»Oh, weißt du …«, stotterte ich weiter, und ich ärgerte mich über mich selbst, dass mir einfach nichts Kluges einfiel, das ich hätte sagen können. Aber so war das immer, wenn ein gut aussehender Typ vor mir stand. Mein Verstand setzte genau dann regelmäßig aus.

»Vielleicht kommt deine Freundin ja auch mit«, meinte er grinsend.

»Meine Freundin?«, fragte ich verwirrt.

»Ich sag dir, das war echt ein Wahnsinnskuss, eben!«

Wenn es mir bis jetzt auch gelungen sein sollte, nicht rot zu werden, in diesem Moment waren alle Dämme gebrochen und das Blut schoss mir in den Kopf. »Du meine Güte!«, rief ich nur, nahm die Beine in die Hand und rannte hinaus, als sei der Teufel persönlich hinter mir her.

Mom und Jason waren heute Abend im Kino gewesen, und nun schlenderten sie zu Fuß zurück. Mom plauderte ununterbrochen. Ihr blieb auch gar nichts anderes übrig, denn Jason sagte nichts. Zuerst hatte sie sich nichts dabei gedacht. Jason hatte manchmal so schweigsame Phasen. Aber irgendwann, als sie vor seiner Haustür angelangt waren und er noch immer kein einziges Wort über die Lippen gebracht hatte, beschloss sie, der Sache auf den Grund zu gehen.

»Jason«, begann sie zögernd. »Ich muss mich heute total anstrengen.«

»Ich weiß«, nickte er.

»Ich meine, ich habe heute extra die tollen Stiefel an. Siehst du die Stiefel?«

Jason sah auf Moms Füße hinab. »Wirklich tolle Stiefel«, sagte er brav.

Mom stöhnte. »Ich hatte schon viel zu tun mit dem Aufrechtgehen und dem Gleichgewicht und dem Unterdrücken der Schmerzensschreie. Wenn ich gewusst hätte, dass ich auch noch allein reden soll …«

»Ich habe es falsch gemacht«, brach es plötzlich aus ihm heraus.

»Ja? Was denn?«

»Der Schlüssel, den ich dir gegeben habe …«

»Ach, der Schlüssel zu deiner Wohnung?«

»Der Schlüssel war dazu gedacht, dir etwas mitzuteilen«, erklärte er.

»Ein Schlüssel, der reden kann«, nickte Mom und grinste, doch Jason war offenbar heute Abend nicht zum Spaßen aufgelegt.

»Hör zu«, sagte er zögernd. »Du und ich erreichen gerade einen Punkt in unserer Beziehung, an dem ich für gewöhnlich einen Bruch herbeiführe.«

»Oh, verstehe«, sagte Mom, doch wenn sie ehrlich war, verstand sie kein Wort. Was wollte Jason? Schluss machen? Aber warum hatte er ihr dann seinen Schlüssel gegeben?

»In all meinen Beziehungen war das ungefähr der Zeitpunkt, an dem ich das Gefühl hatte, ich müsste mich …«

»…verpissen?«, half Mom.

»Ich wollte sagen ›verdrücken‹, aber ›verpissen‹ klingt so viel männlicher. Also gut, verpissen.«

»Verstehe. Du willst dich also verpissen. Nur gut, dass du nicht solche Stiefel trägst wie ich.«

»Ich fürchte, das hier mache ich auch nicht gerade richtig.«

»Doch, doch«, ermutigte Mom ihn sarkastisch. »Du kannst das ganz hervorragend. Es ist kalt, also …«

»Neulich bin ich nachts aufgewacht, und die Alarmglocken in meinem Kopf gingen los: ›Hey, Mann, es ist wieder so weit.‹ Da hab ich getan, was ich immer tue. Ich habe über dich nachgedacht und über uns und über alles, was mich nervt … Und nichts ist mir eingefallen … Absolut nichts!«

»Gar nichts?«, rief Mom überrascht.

»Ich habe mir stundenlang den Kopf darüber zerbrochen. Das Gefühl, dieses ›Ich will hier raus‹-Gefühl, das war nicht da. Aber dafür ist mir etwas anderes klar geworden: Nämlich, wenn ich mich jetzt wieder verpisse, dann wäre es wahrscheinlich das Beste, die netten Männer in den weißen Jacken anzurufen und ihnen zu sagen, sie sollen mich abholen, denn ich wäre ein kompletter Idiot, wenn ich das versauen würde. Deshalb habe ich den Schlüssel machen lassen.«

»Der reden kann«, nickte Mom.

»Und ich habe gehofft, der Schlüssel würde dir sagen, dass das hier was anderes ist und dass du noch viel mehr an meinem Leben teilhaben sollst als bisher.«

Mom war baff. Damit hatte sie jetzt nicht gerechnet. »Wow!«, sagte sie. »Also, es wäre bestimmt viel interessanter gewesen, das von dem Schlüssel zu hören, aber es ist auf jeden Fall romantischer, wenn du es mir sagst«, erklärte sie lächelnd. Sie war fast ein wenig gerührt, denn das, was Jason da eben gesagt hatte, konnte man durchaus als Liebeserklärung werten. Sie zog ihn zu sich heran und küsste ihn.

Da Mom am nächsten Morgen sehr früh aufstehen musste, hatte sie trotz aller Romantik beschlossen, zu Hause zu übernachten. Als sie unser Haus betrat, zog sie als Erstes die tollen Stiefel aus und feuerte sie in die nächste Ecke. Nachdem sie sich ihres Mantels entledigt hatte, bemerkte sie, dass der Anrufbeantworter blinkte. Sie drückte auf den Wiedergabeknopf. Lukes Stimme ertönte ein wenig verzerrt.

»Tut mir Leid, dass ich jetzt noch anrufe«, hörte Mom ihn sagen. »Aber ich dachte, wenn du das hörst, holst du mich vielleicht ab.«

Mom schüttelte den Kopf und stieg langsam die Treppe hinauf. Es war bereits nach Mitternacht, sie freute sich auf ihr Bett und verspürte nicht die geringste Lust, ihren Freund Luke irgendwo in der Pampa abzuholen.

»Ich bin in Litchfield, an der Ecke Mason und Pine«, hörte sie ihn vom Band sagen. »Da ist ein großes weißes Haus. Du erkennst es an dem Schild, auf dem ›Polizei‹ steht, denn … Ach, was soll's, ich bin im Knast!«

Als sie das hörte, ließ Mom Bett Bett sein und machte auf der Stelle kehrt. Sie sprintete zurück ins Wohnzimmer, schlüpfte in ein Paar bequeme Schuhe und warf ihren Mantel über. Dann rannte sie, so schnell sie konnte, hinaus, sprang in ihr Auto und brauste davon.

»Also, ich finde, du und Paris, ihr zwei wärt ein tolles Pärchen«, lachte Louise. Sie, Madeleine, Paris und ich hatten uns an den Pool unseres Hotels gesetzt, wo natürlich, wie jede Nacht während des Springbreak, eine Party stieg. Wir tranken erstaunliche Mengen Wodka-Lemon. Nach dem Schock mit dem Kuss war mir alles egal.

»Paris und ich?«, rief ich empört. »Niemals!« Ich spürte, dass meine Zunge langsam schwerer wurde.

»Wieso nicht?«, fragte Paris empört.

»Du wärst mir einfach viel zu anstrengend.«

»In dem Club wurde nur noch von eurem Kuss geredet«, berichtete Louise anerkennend.

»Super, klasse. So was höre ich gern«, erwiderte ich spöttisch.

»Wer will noch was?«, rief Madeleine, deutete auf ihr leeres Glas und blickte in die Runde. »Also alle«, schloss sie, als keiner etwas sagte. Sie sprang auf und marschierte Richtung Bar.

»Und, Paris, was macht die Liebe«?, fragte Louise neugierig.

»Paris hat einen neuen Freund«, berichtete ich eifrig.

»Ach, echt?«, Louise riss gespannt die Augen auf.

»Einen Professor«, erklärte Paris mit schwerer Zunge. Ich war erleichtert, zu hören, dass der Alkohol auch bei ihr nicht wirkungslos geblieben war.

Louise blieb der Mund offen stehen. »Ach, echt?«, wiederholte sie noch einmal. »Lehrstuhl?«

»Bis in alle Ewigkeit«, nickte sie.

»Das ist ja echt ein Ding, Anna Nicole«, lachte Louise.

»Er ist brillant, Schriftsteller, distinguiert. Und er sieht gut aus. Findest du nicht auch, dass er gut aussieht?« Paris richtete ihren leicht verklärten Blick auf mich.

»Doch, aber klar. Ein toller Typ«, bestätigte ich. Ich hatte langsam Mühe, dem Gespräch zu folgen. Alles drehte sich um mich herum.

»Er ist ein richtiger Mann. Er ist … einmalig. Ich kann es immer noch nicht glauben, dass wir zusammen sind«, schwärmte Paris.

Inzwischen war Madeleine mit vier Wodka-Lemon zurückgekehrt. Sie reichte uns die Gläser und setzte sich wieder auf ihren Stuhl.

Ich nahm einen kräftigen Schluck und hickste. Merkwürdig, dachte ich. Je mehr man von diesem Zeug trinkt, desto besser schmeckt es. Warum nur? Während ich darüber nachdachte, brachte Louise ihre Freundin auf den neuesten Stand. »Paris hat sich einen älteren Mann geschnappt«, berichtete sie, und ich stellte fest, dass sie im Gegensatz zu Paris und mir noch völlig normal klang, obwohl sie schon viel mehr getrunken hatte. Sie war eindeutig besser im Training.

Auch Madeleine schien der Alkohol nichts anhaben zu können. »Oh, ich liebe ältere Männer. Die führen einen in die besten Restaurants«, rief sie begeistert.

»Er musste zu einer Konferenz nach Denver fliegen«, lallte Paris. »Es war total süß, wie er sich gefreut hat, dass ich nach Florida fahre. Er hält es für eine gute Idee, wenn ich mit Leuten meines Alters rumhänge. Ich hatte ja gehofft, dass er mich bittet, nach Denver mitzukommen, aber …« Sie zögerte. »Das hat er nicht getan …«

Ich fand, dass sie plötzlich sehr traurig aussah. »Er hat viel zu tun, Paris«, versuchte ich meine Freundin zu trösten.

»Ja, sicher. Oder er hat mich satt«, platzte sie plötzlich heraus.

Kein Zweifel, der Alkohol hatte Paris jetzt fest im Griff. »Nein!«, sagte ich entschieden.

»Vielleicht will er mich ja abservieren.«

Louise dachte nach. »Schenkt er dir immer noch Schmuck?«, fragte sie.

»Das hat er bisher noch nie getan!«, erklärte Paris.

»Ach, echt nicht? Ist er denn nicht reich?« Madeleine runzelte verwirrt die Stirn. Ein älterer Freund, der keinen Schmuck schenkte – das wollte so gar nicht in ihr Weltbild passen.

Paris schüttelte den Kopf. »Asher ist nicht reich.«

»Nicht reich?« Madeleine starrte sie verständnislos an.

»Eigenartig, sehr eigenartig«, murmelte nun auch Louise.

Ich wandte mich Paris zu. Ich hatte das Gefühl, dass sie dringend ein paar tröstende Worte brauchte. »Hör zu«, erklärte ich. »Du bist paranoid. Er will nur, dass du dich amüsierst. Und wenn jemand so etwas will, dann heißt das, du bist ihm wichtig.« Ich stierte sie an. »Ihr beide seid wichtig«, erklärte ich dann. »Dich gibt's nämlich zweimal. Und ihr dreht euch wie verrückt!«

Paris, Madeleine und Louise lachten.

»Haltet mich bloß von allen Fenstern fern!«, rief ich verzweifelt.

»Sag mal, was ist eigentlich aus deinem Freund geworden?«, fragte Louise mich.

»Oh, Dean!«, rief ich, und einen ganz kleinen Augenblick lang war mir ein wenig wehmütig zumute. Dean war meine große Highschool-Liebe. Wir galten eine Zeit lang als das Traumpaar der Schule. Irgendwann hatten wir uns dann getrennt. Ich hatte mich in einen anderen Jungen verliebt.

»Dean, genau«, lachte Madeleine. »Und wie geht's Dean? Mann, war der schnuckelig.«

»Es geht ihm gut«, erklärte ich.

»Ist er noch immer so schnuckelig?«

»Oh, ja, ganz eindeutig, ja«, nickte ich.

»Und ihr habt euch getrennt?«

»Ja, und er ist jetzt sogar verheiratet!«

»Was?«, riefen Louise und Madeleine wie aus einem Munde. »Wieso?«

»Er hat Lindsay getroffen, und dann waren sie verheiratet«, erklärte ich. »Sie ist hübsch und blond und groß und schlank.«

»Na, toll«, maulte Paris. »So etwas hat der Welt gefehlt. Noch so eine.«

Louise schloss die Augen und massierte sich mit den Händen die Schläfen. »Vorhersage«, murmelte sie leise.

»Sie kann hellsehen«, erklärte Madeleine uns mit wichtiger Miene.

»Seit wann?«, fragte Paris.

»Das ging vor etwa sechs Monaten los.«

»Ich sage euch, das hält nicht!«, verkündete Louise plötzlich triumphierend.

Paris lachte spöttisch auf. »Zwei Neunzehnjährige werden nicht zusammenbleiben? Mann, das ist eine riskante Prognose!«

Louise ließ sich nicht beirren. »Ich denke, das hält nicht, weil er auch jetzt noch in dich verliebt ist, Rory!«, erklärte Louise.

Ich schüttelte energisch den Kopf. »Nein, bestimmt nicht. Wir sind schon so lange getrennt.«

»Ja, aber er hatte nur Augen für dich, Schätzchen. Seelenvolle, sehnsüchtige, feuchte Dackelaugen«, erinnerte sich Madeleine.

»Nein, jetzt nicht mehr«, beharrte ich.

»Redet ihr gar nicht mehr miteinander?«, wollte Paris wissen, und ich fragte mich, warum plötzlich alle so an der alten Dean-Geschichte interessiert waren.

»Doch, natürlich. Wir sind noch Freunde«, erklärte ich.

Madeleine schnappte sich mein Handy, das vor uns auf dem Tisch lag, und begann, Deans Nummer zu suchen. Sie hatte sie schnell gefunden. »Ja, genau, Telefonfreunde«, rief sie begeistert.

»Du hast die Nummer von deinem Ex in deinem Handy gespeichert?«, rief Louise ungläubig.

»Ich sagte doch, wir sind Freunde!«

»Tja, die erste Liebe ist oft sehr heftig«, sinnierte Louise.

Madeleine nickte. »Meine Mom liebt ihren ersten Freund noch immer … Ups, jetzt habe ich gerade Deans Nummer gewählt!«

»Madeleine, nicht!«, kreischte ich. Ich hätte sie erwürgen können. Verzweifelt versuchte ich ihr mein Handy zu entreißen, doch Madeleine war schneller. »Ach du meine Güte, es klingelt!«, rief sie.

»Leg auf!«, flehte ich sie an, doch sie hatte kein Erbarmen.

»Ups, seine Mailbox! Oh, diese sexy Stimme! Das war der Pieps!« Sie reichte mir kichernd das Handy. »Los, sag was!«, forderte sie mich auf.

Ich warf ihr einen vernichtenden Blick zu. Am liebsten hätte ich wieder aufgelegt, doch Dean würde so oder so sehen, dass ich angerufen hatte. Also konnte ich genauso gut etwas sagen. Nur was? Ich hatte keine Ahnung, und außerdem drehte sich immer noch alles um mich herum. »Dean, hi … ähm«, stammelte ich und wünschte mir im nächsten Augenblick, ich hätte doch aufgelegt. »Hier ist Rory.« Ich spürte, dass ich lallte. Wie peinlich! »Tut mir Leid, dass ich dich jetzt anrufe, aber wir sind in den Ferien in Florida. Und, ähm … ich weiß nicht, ob du dich an Madeleine und Louise erinnerst, aber sie sind furchtbar. Also, … wir haben gerade von dir gesprochen.« Die anderen kicherten. Oh, Mann. Was redete ich da nur? Warum legte ich nicht einfach auf? »Hiii!«, hörte ich mich jetzt in den Hörer rufen. »Wie geht's dir? Ich werde jetzt wieder auflegen. Bis dann. Entschuldige. Mach's gut!« Ich drückte schnell auf den Aus-Knopf, bevor ich noch mehr Unsinn verzapfte.

Die anderen kicherten immer noch. »Ich mache Hackfleisch aus dir! Ich schwör's dir, ich werde dich so was von umbringen!«, drohte ich Madeleine. »Das wird sehr schmerzhaft und tödlich und…« Ich sprang auf und atmete tief durch. Irgendwie war mir gerade gar nicht gut. Ein flaues Gefühl machte sich langsam in meinem Magen breit, und das machte mir Angst. »Ich muss ein bisschen rumlaufen, weil sich der Wodka sonst garantiert selbstständig macht«, erklärte ich stöhnend.

»Sehr gut, ich komm mit!« Paris sprang ebenfalls auf.

Ich zeigte mit dem Finger auf Madeleine. »Nicht weglaufen. Ich komme wieder und bringe dich um«, versprach ich.

9

Während ich mich in Florida betrunken hatte, war Mom zur Polizei gefahren, hatte dreihundert Dollar Kaution auf den Tisch gelegt und Luke aus seiner ungemütlichen Zelle geholt. Dann war sie mit ihm zu Nicoles Wohnung gefahren. Luke hatte dort sein Auto geparkt. Die ganze Fahrt über hatte er geschwiegen. Dabei hätte Mom zu gern gewusst, was der Grund für seine Festnahme gewesen war. Sie war sicher, dass die Socken, die nicht seine waren, irgendwie damit zu tun haben mussten.

»Hör zu, Luke, du musst mir nicht erzählen, was passiert ist«, erklärte sie, als sie aus ihrem Wagen stiegen und zu Lukes Auto schlenderten. »Es sei denn, du willst es. Ich verspreche dir, ich werde dich auch nicht mehr danach fragen! Nie wieder! Nicht in diesem Leben oder im nächsten. Weißt du, ich denke mir einfach: ›Lass gut sein. Vergessen wir's. Denn hätte Luke gewollt, dass ich es weiß, dann hätte er es mir wohl anvertraut.‹ Und natürlich erwarte ich nicht –«

»Ich wollte wissen, wessen Socken das sind!«, unterbrach Luke sie ungeduldig. Ihm war inzwischen klar geworden, dass er nicht drum herumkommen würde, es Lorelai zu erzählen. Sie würde vorher sowieso keine Ruhe geben.

»Wusste ich's doch!«, platzte Mom heraus. »Und weißt du es jetzt?«

»Ich denke schon.«

Mom sah ihn fragend an.

»Ich hatte so ein Gefühl heute Abend. Nicole hat mir nicht richtig gesagt, was sie vorhat, und ich habe ihr erzählt, ich hätte im Laden zu tun, doch ich bin zu ihrer Wohnung gefahren. Ich habe geparkt und gewartet, und dann …« Er schluckte. »Dann kam ein Wagen vorgefahren, und sie stieg aus. Mit ihm!«

Mom wusste nicht, wer mit *ihm* gemeint war, doch sie wollte Luke nicht unterbrechen. Wenn er einmal unterbrochen wurde, würde er vielleicht nicht weitererzählen, und das wollte sie unter gar keinen Umständen riskieren.

»Die zwei gingen rein«, fuhr er fort. »Und ich habe dabei zugesehen.« Luke schwieg.

»Und du weißt genau, dass er der Eigentümer der Socken ist?«, fragte Mom vorsichtig.

»Ich habe ihn nicht gefragt, aber er ist es garantiert. Und wenn nicht, läuft da erst recht eine üble Geschichte ab, verstehst du?«

»Ja«, log Mom vorsichtshalber.

»Jedenfalls saß ich hier in meinem Wagen und habe sie im Haus verschwinden sehen. Und dann sind mir lauter Gedanken durch den Kopf gegangen.« Wieder schwieg Luke. Er sah jetzt richtig verzweifelt aus. »Ich meine, wie kann sie das nur tun?«, fragte er, und er schüttelte fassungslos den Kopf. »Und auch noch da drin, in unserer Wohnung? Ich meine, ich habe da Bücherregale aufgestellt, und so …«

Mom nickte mitfühlend. Sie konnte Lukes Schmerz verstehen. »Falls es dir irgendwie hilft, ich denke nicht, dass er die Bücherregale benutzt«, erklärte sie, weil ihr in diesem Moment nichts Besseres einfiel.

»Plötzlich wurde ich ungeheuer wütend«, berichtete Luke weiter, und so langsam schwante Mom, was passiert sein musste.

»Ich bin halb durchgedreht. Und irgendwas musste ich tun. Also stieg ich aus, bin zu seinem Wagen gegangen und habe zugetreten.«

Luke führte Mom zu dem ziemlich neu aussehenden Geländewagen, der neben Lukes Auto geparkt war. Er deutete auf die Fahrertür. Selbst im Dunkeln war zu erkennen, dass sie ziemlich übel zugerichtet war.

»Das warst du?«, fragte Mom ungläubig und betrachtete die völlig zerbeulte Tür. »Du hast das Auto getreten?«

»Ich habe richtig hart zugetreten, immer und immer wieder!«, nickte Luke, und für einen kurzen Augenblick hatte Mom das Gefühl, dass sogar ein wenig Stolz in seiner Stimme mitschwang.

»Na ja, und dann tauchten plötzlich die Bullen auf«, berichtete er weiter. »Weil so ein blöder Wichtigtuer aus der Nachbarschaft gesehen hat, wie dieser Irre ein Auto attackiert und, … na ja, den Rest kennst du ja.«

»Hat Nicole dich gesehen?«

»Keine Ahnung. Ich weiß nicht, was sie und der Sockenmann gesehen haben. Ich … Gott, ich komm mir vor wie der allerletzte Idiot! Ich war auf einmal so drauf wie diese Kerle, die vor lauter Eifersucht völlig durchdrehen.«

Mom schüttelte den Kopf. »Du warst nicht drauf wie diese Kerle, du bist einer von ihnen!«, erklärte sie, doch schon wenig später bereute sie, dass sie diesen Satz jemals gesagt hatte.

Zuerst grunzte Luke nur ein wenig merkwürdig. Dann fing er plötzlich wieder an, das Auto mit seinen Füßen zu attackieren.

»Luke?« Mom fasste ihn energisch bei den Schultern. »Luke, würdest du das bitte lassen?«

»Ja, schon gut«, brummte er, ballte die Fäuste und atmete tief durch. Das schien ihm zu helfen, denn er beschloss, wieder zu seinem Wagen hinüberzugehen – jedoch nicht, ohne dem Auto des Sockenmanns zum Abschied noch einmal einen gehörigen letzten Fußtritt zu verpassen.

»Du sockenloser, verlogener, dreckiger Mistkerl! Hast du vielleicht meine Socken an oder was?!«, rief Luke wütend und blickte dabei zu Nicoles Wohnzimmerfenster hinauf.

»Hör zu, Luke«, sagte Mom. »Es tut mir ehrlich Leid für dich.« Sie meinte das ernst. Luke war zwar manchmal ein alter Stinkstiefel, aber das hatte er wirklich nicht verdient.

Er schluckte. »Ich schätze, das war's mit mir und Nicole!«, stellte er resigniert fest.

Mom nickte. Sie schätzte das auch. Nicole betrog ihn – da gab es nichts zu beschönigen. Je eher Luke sich damit abfand, desto besser.

Paris und ich waren an den Strand gegangen. Wir hatten uns, betrunken, wie wir waren, in den Sand plumpsen lassen, und nun beobachteten wir das Meer und die Sterne. Von weitem hörte man Musik und Stimmengewirr, aber wenn wir uns konzentrierten, konnten wir das Meeresrauschen hören. Ich schloss die Augen, doch nur ganz kurz, denn mit geschlossenen Augen drehte sich alles in meinem Kopf noch viel schneller.

»Was war nur in unserem Wodka Lemon?«, fragte ich verzweifelt.

»Wwwodka!«, lallte Paris.

Ich nickte. Das war es wohl, was uns in diesen Zustand versetzt hatte. »Ich finde es toll, wie sich der Strand um sich selbst dreht. Was meinst du?«

»Ja, toll!«, nickte Paris.

»Sind wir nun durch?«

»Womit?«

»Den Frühlingsfeten. Dem Springbreak. Also, war es das?«, wollte ich wissen.

»Keine Ahnung.«

»Gehen wir doch die Liste durch.«

»Okay. Wir sind angekommen.«

»Richtig.«

»Wir haben getanzt.«

»Richtig.«

»Und getrunken.«

»Richtig.«

»Wir haben gekotzt.«

»Haben wir gar nicht!«, widersprach ich.

»Gib uns noch zehn Minuten.«

»Mach ich.«

»Im Grunde sind wir wohl durch«, schloss Paris.

»Ich habe das Gefühl, dass wir offiziell dabei gewesen sind«, nickte ich.

»Wir sind Fachfrauen für dieses soziale Ritual.«

»Und ich habe absolut keine Lust, je wieder so drauf zu sein wie jetzt!«, stöhnte ich.

Paris schwieg eine Weile. Dann sah sie plötzlich auf und lächelte. »Lass uns zurückfahren!«, schlug sie vor.

Ich dachte eine Weile über ihren Vorschlag nach. Mein Gehirn funktionierte im Moment nur in Zeitlupe. Es war ein guter Vorschlag. Der Gedanke, schon morgen wieder daheim zu sein, war verlockend. »Aber wie?«, fragte ich schließlich. »Wir sind auf Glenns Wagen angewiesen, und die anderen fahren erst nach dem Wochenende!«

»Vielflieger-Meilen, Baby!«, grinste Paris triumphierend.

Ich grinste auch. Paris war anstrengend, aber eins musste man ihr lassen: Manchmal hatte sie wirklich brillante Ideen!«

»Ich liebe Erdnüsse!«, erklärte ich.

»Klasse«, erwiderte Paris. »Ich rufe bei der Fluggesellschaft an – sollte ich je wieder aufstehen können.«

Ich nickte und blickte nachdenklich auf das Meer. Plötzlich schwankte etwas Großes, Ächzendes auf uns zu. »Was ist das?«, rief ich und versuchte verzweifelt, dieses seltsame Wesen in der Dunkelheit zu identifizieren.

»Was?«, fragte Paris und blickte sich alamiert in alle Richtungen um. Nun sah sie es auch.

»Oh, mein Gott! Das ist Glenn!«, rief sie.

Sie hatte Recht. Es war tatsächlich Glenn, der da auf uns zugetorkelt kam. Als er uns erreicht hatte, blieb er stehen und starrte uns mit glasigen Augen an. Er war triefend nass und total zugedröhnt.

»Glenn! Was ist passiert? Sag schon!«, rief ich erschrocken.

»Zuletzt, als wir dich gesehen haben, wolltest du dir einen Hotdog holen«, erinnerte sich Paris.

»Hotdog?« stammelte Glenn. Dann torkelte er einfach weiter. »Hotdog«, hörten wir ihn noch einmal sagen. Dann war er verschwunden.

Wir setzten unseren Plan in die Tat um und reisten noch am nächsten Morgen ab. Paris war es tatsächlich gelungen, zwei Flüge für uns zu buchen, sodass wir schon mittags in Yale eintrafen. Paris blieb da, und ich machte mich auf den Weg nach Stars Hollow. Vielleicht hätte ich das besser lassen sollen, denn Moms Begrüßung fiel nicht gerade herzlich aus. Sie hatte versucht, mich im Hotel anzurufen, da sie mich auf dem Handy nicht erreicht hatte. Als man ihr sagte, dass ich bereits abgereist war, war sie, das jedenfalls behauptete sie, vor Sorge beinahe umgekommen.

»Mir wäre fast das Herz stehen geblieben«, erklärte sie vorwurfsvoll und setzte sich neben mich an den Küchentisch.

Ich hatte mir eine Schnitte Brot mit selbst gemachter Marmelade geschmiert und biss nun genüsslich hinein.

»Und nicht nur, weil die Pfeife am Telefon mich Ma'am genannt hat, was mir zuwider ist«, fuhr Mom sauer fort.

»Ich wollte dich wirklich nicht so erschrecken«, sagte ich kleinlaut. Es tat mit ehrlich Leid, dass Mom sich Sorgen gemacht hatte, aber in der Hektik hatte ich gar nicht daran gedacht, sie über meine Abreise zu informieren.

»Hör zu, wenn du abreisen willst, sagst du es vorher Mommy«, erklärte sie versöhnlich.

»Ich find's toll, dass ich für eine Reise nach Florida keine Erlaubnis brauche, für die Heimfahrt aber schon«, erwiderte ich grinsend. Das war wirklich typisch Mom.

»Ich hab mir vorgestellt, wie du von einem Wal verschluckt wurdest oder dass dich Surfer mitgenommen haben auf der Suche nach der perfekten Welle.«

»Es ist eben irgendwann zu lustig geworden«, erklärte ich.

»Und was heißt ›zu lustig‹?«

»Ich habe getrunken.«

»Und?«

»Paris und ich haben tierisch gekotzt.«

»Auf diese Weise findet ihr sicher ganz schnell einen Ehemann«, sagte Mom sarkastisch. »Und wie ging es dir heute Morgen?«

»Es war nicht so tragisch. Aspirin, literweise Wasser, Makkaroni mit Käse …«

Mom lachte und legte ihren Arm um meine Schultern. »Mein Liebling hat das erste Katerfrühstück seines Lebens gegessen«, sagte sie stolz. »Ich würde gern ein Foto davon neben deinen Tonhandabdruck hängen.«

Ich überlegte einen Augenblick. »Irgendwo habe ich noch die Tablettenschachtel«, sagte ich schließlich.

»Gut, dann gib sie mir«, sagte Mom. »Aber jetzt erzähl mal richtig. Wie war's denn?«

Ich wusste, Mom würde nicht lockerlassen, ehe sie nicht jedes kleinste Detail erfahren hatte. Also fing ich von ganz vorne an. Ich berichtete ihr von unserer Ankunft, unserem Videoabend und von dem Besuch in dem angesagten Club. Nicht mal, dass Paris mich geküsst hatte, ließ ich aus, doch scheinbar fand Mom das völlig normal. Sie fragte nicht einmal nach. Dass wir in Florida die *Macht der Mythen* gesehen hatten, fand sie dagegen absolut unglaublich.

Nachdem ich ihr alles haarklein erzählt hatte, war Mom zufrieden. Sie berichtete mir dann von Jason und seinem sprechenden Schlüssel, und natürlich erzählte sie mir auch von Luke und dem unrühmlichen Ende seiner Beziehung zu Nicole. Ich war beeindruckt. Mom hatte, obwohl sie in unserem kleinen Stars Hollow geblieben war, mindestens genauso viel Aufregendes erlebt wie ich. Was lernte ich daraus: Wegzufahren lohnt sich nicht. Obwohl: Irgendwie hatten wir auch viel Spaß in Florida. Ich würde nie wieder hinfahren. Aber es war trotzdem schön.

Am nächsten Morgen klingelte mein Handy. Es war Dean, und als ich seine Nummer auf dem Display erkannte, fiel mir ein, dass ich vergessen hatte, Madeleine umzubringen. Ich beschloss, es so bald wie möglich nachzuholen. Dann ging ich ran und entschuldigte mich bei meinem Ex-Freund für meine hirnverbrannte Nachricht auf seiner Mailbox. Doch er war nicht sauer. Im Gegenteil: Er behauptete sogar, sich sehr darüber gefreut zu haben. Und er fragte mich, ob wir uns mal wieder treffen könnten. Rein freundschaftlich natürlich. Ich willigte ein, und wir verabredeten uns für die nächste Woche. Er würde mich in Yale besuchen. Wenn ich ehrlich war, freute ich mich schon richtig darauf, und vielleicht würde ich mir das mit dem Mord an Madeleine sogar noch einmal überlegen …

10

Luke hatte eine ganze Weile gebraucht, um sich von dem Schock mit Nicole zu erholen, doch irgendwann, kurz nach Ostern, schien sich sein Gemütszustand wieder halbwegs normalisiert zu haben. Zumindest konnte man ihn wieder ansprechen, ohne befürchten zu müssen, aufs Übelste beschimpft zu werden. Jetzt war er nur noch ganz normal schlecht gelaunt, und das war in meinen Augen schon ein echter Fortschritt.

Zwölf Tage nach Ostern – es war ein schöner Freitagmorgen – fühlten Mom und ich uns so gut, dass wir beschlossen, uns Lukes schlechter Laune auszusetzen und etwas Essbares in seinem Diner zu uns zu nehmen. Als wir seinen Laden betraten, mussten wir feststellen, dass noch mehr Leute auf die gleiche Idee gekommen waren. Lukes Diner war voller Menschen. Wir sahen uns um und grüßten alle, die wir kannten: Sookies Ehemann Jackson, unseren Nachbarn Mr Myers und noch ein paar andere Stars Hollower. Kirk war auch da, doch den grüßten wir nur sehr flüchtig. Seit der Fahrradtaxi-Affäre war unser Verhältnis zu ihm … na ja, sagen wir: ein wenig abgekühlt.

Schließlich stürzten wir uns auf den einzigen freien Tisch am Fenster und setzten uns. Luke kam sofort auf uns zugestürmt. »Ihr habt eine Minute zum Bestellen und sechs zum Essen«, blaffte er.

»Verstehe, dein heutiges Motto lautet: Fix tafeln, nix schwafeln«, nickte Mom.

»Eine Minute!«, wiederholte Luke grimmig.

Wir beschlossen, es nicht zu riskieren, Lukes Zorn auf uns zu ziehen. Deshalb griffen wir uns jeder eine Karte und sondierten, so schnell es ging, das Speiseangebot. Dann beschlossen wir beide, einen Toast Hawaii zu bestellen. Ich sah auf die Uhr und beglückwünschte uns im Stillen zu dieser Entschlussfreudigkeit. Wir hatten nur ganze fünfzig Sekunden für diese Entscheidung gebraucht. Das war absoluter Rekord. Ich wollte gerade Luke herbeiwinken, doch da flog die Tür auf, und Taylor kam hereingestürmt.

Taylor war ein Urgestein unserer kleinen Stadt. Ihm gehörten mehrere Geschäfte, unter anderem der Supermarkt *Dose's*, und außerdem bekleidete er einige wichtige Ämter im Stadtrat. Er war also eine wirklich wichtige Persönlichkeit in Stars Hollow. Das zumindest glaubte er selbst von sich. Als Taylor uns erblickte, kam er zu uns herüber und begrüßte uns. Wir wollten zurückgrüßen, doch als wir ihn genauer ansahen, verschlug es uns unwillkürlich die Sprache. Er sah völlig verändert aus. Ich brauchte eine Weile, um herauszufinden, warum das so war. Dann fiel bei mir plötzlich der Groschen: Er trug ein Toupet. Ein äußerst schlecht sitzendes Toupet, um genau zu sein.

Auch Mom schien in diesem Moment erkannt zu haben, was mit ihm los war. Ich sah ihr an, dass sie, genau wie ich, am liebsten laut losgeprustet hätte. Wir konnten uns das gerade noch verkneifen. Inzwischen war Luke, bewaffnet mit Block und Bleistift, zu uns an den Tisch getreten. Er wollte unsere Bestellung aufnehmen, doch Taylor machte ihm einen Strich durch die Rechnung.

»Luke, ich möchte eine Kleinigkeit mit dir besprechen«, sagte er und machte ein wichtiges Gesicht.

»Endlich kann ich was in mein Tagebuch eintragen«, gab Luke sarkastisch zurück. Seine Laune war innerhalb der letzten Minute also nicht gestiegen, und das, was Taylor ihm zu sagen hatte, trug auch nicht gerade zu einer Besserung bei.

»Außerhalb meiner Geschäftsräume ist ein starker Geruch wahrzunehmen, und ich muss leider sagen, dass der aus deinem Laden kommt«, erklärte er und kratzte sich seinen grauen Vollbart.

»Hier dringt kein Geruch raus, Taylor«, erwiderte Luke grimmig.

»Wo sonst kommt der Geruch dann auf einmal her?«

»Keine Ahnung, vielleicht ist ja das Ding da schuld daran!« Luke deutete auf Taylors neues Haarteil.

»Was?«, stammelte der stämmige Mann. »Ich, ähm, kämme mein Haar nur anders.«

Luke nickte. »Da vorne löst sich der Kleber!«, erklärte er ungerührt und deutete auf eine Stelle an Taylors Kopf.

Plötzlich meldete sich Jackson zu Wort. »Äh, tschuldigung«, rief er zu uns herüber. »Ich habe auch etwas gerochen, aber das kam von drüben, vom Platz!«

»Ich auch«, rief ein anderer Gast. »Das kam vom Friseur!«

»Nein, vom Kiosk!«, rief eine Frau.

Mom und ich sahen uns an. Wieso waren wir die Einzigen, die bislang nichts gerochen hatten? Obwohl, jetzt da es alle sagten: Irgendwie hatte ich auf dem Weg hierher auch einen komischen Geruch in der Nase gehabt.

»Dann stinkt also die ganze Stadt?«, rief Taylor entsetzt. »Wie ist das möglich?«

»Die Stadt ist über zweihundert Jahre alt«, gab Mom zu bedenken.

»Deshalb verrottet sie jetzt plötzlich?«, fragte Taylor stirnrunzelnd. »Nein!« Er schüttelte den Kopf. »Ich glaube, wir haben wieder mal Stinktiere!«

»Ja, das könnte es sein, Taylor«, sagte Kirk plötzlich eifrig und sprang auf.

»Vor zehn Jahren krochen diese Viecher unter die Häuser, dort ereilte sie ihr Schicksal, und die ganze Stadt stank wochenlang«, berichtete uns Taylor.

Kirk nickte. »Das muss es sein, Taylor. Gute Arbeit, gute Arbeit!«, murmelte er.

Ich glaube, Kirk war der Einzige in der Stadt, der Taylor wirklich vergötterte. Nein, ich muss mich korrigieren: Er war nicht der Einzige. Taylor selbst vergötterte sich auch. Alle anderen Einwohner nahmen ihn nicht für voll.

»Danke dir, Kirk!« Taylor nickte seinem aufgeregten Fan wohlwollend zu. Dann machte er eine Faust und streckte sie in die Luft. »Ich muss die Gemeinde mobilisieren. Die Blumenausstellung fängt bald an, wir müssen das schnell angehen«, verkündete er.

»Ich werde von Tür zu Tür gehen und jeden zwingen, unter seinem Haus nachzusehen, Taylor!«, erklärte Kirk beflissen. Ich werde Kopfnüsse verteilen oder sogar Gewalt anwenden, wenn es sein muss.«

»Ein wirklich nettes Angebot, Kirk«, lächelte Taylor. »Aber ich werde die Verantwortlichen selbst zusammentrommeln. Ich hänge mich mal ans Telefon.« Mit diesen Worten verließ er den Laden und machte sich an die Arbeit.

Auch Luke machte sich an die Arbeit. »Eine Minute ist längst vorbei. Bestellt!«, raunzte er uns an und zückte seinen Bleistift.

Am Abend stand wieder unser obligatorisches Dinner bei Grandma und Grandpa an. Das Essen schmeckte einfach wunderbar, und auch sonst war es ein schöner Abend, auch wenn Mom es schaffte, das Thema auf »Ambosse« zu bringen und es eine geschlagene halbe Stunde nicht mehr fallen zu lassen.

»Reden wir wirklich immer noch über große Metallklötze?«, fragte Grandma irgendwann genervt und führte ihre gefüllte Gabel zum Mund.

»Ja! Ich frage mich nur, wo all die Ambosse hin sind«, erwiderte Mom unschuldig. »Früher hat der Schmied auf diesen Dingern Hufeisen bearbeitet. Da hatte jeder so was. Die waren in jedem popeligen Western zu sehen, also wo sind die nur alle hin?«

»Also, ich weiß nicht, ob sie so gängig waren«, meldete sich Richard zu Wort.

»Sogar Wiley Coyote hat ihn benutzt, so gängig waren sie!«, erklärte Mom.

»Wer?« Grandma runzelte die Stirn, und ich konnte ihr nicht verübeln, dass sie Wiley Coyote nicht kannte.

»Der aus dem Cartoon. Er wollte Roadrunner ständig einen Amboss auf den Kopf fallen lassen, oder er hat ihn mit einer riesigen Schleuder abgeschossen oder aus einer Kanone. Aber die Kanone hat sich aufgerichtet, der Amboss flog hoch in die Luft, fiel runter und hat einen großen Ambossabdruck auf Coyotes Kopf hinterlassen.«

»Und das ist ein Cartoon?«, fragte Emily.

»Nein, das ist mir letzte Woche passiert, als ich über die Straße gegangen bin«, erwiderte Mom sarkastisch, doch als sie Grandmas Gesicht sah, besann sie sich eines Besseren. »Ja, Mom, ein Cartoon«, erklärte sie.

»Das ist mit Abstand die sinnloseste Unterhaltung, die wir je geführt haben«, sagte Emily missmutig, und wenn ich ehrlich war, musste ich zugeben, dass sie vollkommen Recht hatte.

»Können wir jetzt das Thema wechseln? Ich flehe euch an. Bitte!« Grandma hob beide Hände gen Himmel.

»Ich könnte eine Neuigkeit verkünden, die Jason und mich betrifft«, sagte Grandpa geheimnisvoll.

»Ihr seid schwanger!«, vermutete Mom.

Grandpa schüttelte den Kopf. Dann blickte er schweigend in die Runde.

»Nun sag schon!«, stöhnte Emily.

»Wir übernehmen eine andere Firma!«, platzte er schließlich heraus.

»Aber du hast doch deine gerade erst gegründet«, bemerkte ich kopfschüttelnd. Ich wusste nicht viel von dem, was Grandpa tat, doch das wusste ich noch sehr genau.

»Die Versicherungsbranche verändert sich so schnell, da muss man flexibel sein!«, erklärte er. »Aber interpretiert das nicht falsch. Die Firma ist nicht groß. Kleiner als unsere, aber einflussreich!«

Mom hatte ihren Teller leer gegessen und legte nun Messer und Gabel beiseite. »Wie bitte? Die Firma ist kleiner als eure?« Sie wischte sich den Mund mit ihrer Serviette ab. »Aber ihr seid ja schon nur zwei!«

»Die Firma wird nur von einem Mann geführt, und zwar von Bob Sutton«, erklärte Grandpa.

»Im Grunde akquiriert ihr Bob«, schloss Mom.

»Wir akquirieren seine Firma, und die Firma ist er.«

»Und musste er sich selbst kündigen?«

»Äh, nein.«

»Geht er allein zu seiner traurigen Abschiedsparty und bläst die Kerzen auf seiner Torte aus?«

Bei dieser Vorstellung musste ich lachen, und selbst Grandma konnte sich ein Schmunzeln nicht verkneifen.

»Wir verabschieden ihn morgen bei einem Essen«, erwiderte Richard pikiert. Er bedachte Emily mit einem Seitenblick. »Zusammen mit unseren Frauen.«

Grandmas Schmunzeln wich langsam einem genervten Gesichtsausdruck.

»Du magst Bob nicht?«, fragte Mom sie.

»Bob ist in Ordnung, wir kennen ihn schon seit Jahren, aber seine Frau ist fürchterlich. Ein klassisches Vorzeigefrauchen.«

»Sie ist noch ziemlich jung«, erklärte Grandpa.

»Wie jung?«, wollte ich wissen.

»Ihr Auto sieht wie das von Barbie aus«, berichtete Grandma.

Das war zwar keine Antwort auf meine Frage, aber ich hatte jetzt trotzdem ein ungefähres Bild von Bobs Frau im Kopf.

»Ich hoffe, du wirst bei diesem Essen trotzdem nett zu ihr sein.« Richard warf seiner Frau einen bittenden Blick zu.

»Natürlich. Dann darf ich nur nicht vergessen, *Babys erstes Wörterbuch* mitzunehmen.«

Über so viel Überheblichkeit konnte Richard nur den Kopf schütteln. »Dann rede doch mit Bob. Dieser Mensch ist wirklich intelligent«, schlug er vor.

»Da gebe ich dir Recht. Er ist absolut brillant«, nickte Emily.

Mom blickte auf. »Bob ist brillant, ja?«, wollte sie wissen.

»Er hat in Oxford studiert«, berichtete Grandpa nicht ohne Stolz.

»Frag ihn bitte, wo die Ambosse hin sind.«

Emily und Richard stöhnten entnervt auf.

»Oder lass es«, gab Mom sich geschlagen.

Mom und ich waren todmüde, als wir an diesem Abend nach Hause kamen. Kein Wunder, es war schon nach Mitternacht, und wie es aussah, schlief bereits ganz Stars Hollow wie ein Stein. Doch es sah nur so aus. Es gab nämlich einen Bürger, der noch hellwach in seinem Bett lag. Er wälzte sich sorgenvoll hin und her, denn ihm war ein schrecklicher Gedanke gekommen. Der schlaflose Bürger war niemand anderes als Kirk, und der schreckliche Gedanke, der ihm gekommen war, hatte mit Eiern zu tun.

Am nächsten Morgen tauchte Kirk völlig übernächtigt in Taylors Supermarkt auf. Er machte ein Gesicht wie auf dem Weg zur Schlachtbank.

Taylor hatte heute Morgen alle Hände voll zu tun, und auch wenn es ihm schmeichelte, dass Kirk ihn anbetete wie einen Gott, war er in diesem Augenblick nicht gerade erfreut, ihn hier zu sehen. Noch viel weniger erfreut war er jedoch, als er den Grund für sein Kommen erfuhr.

»Es sind Eier!«, beichtete Kirk unglücklich.

»Was?« Taylor verstand nur Bahnhof. »Was sind Eier?«

»Auf dem Platz, der Gestank, das sind keine Stinktiere, sondern Eier. Ostereier von der Ostereiersuche.«

»Aber Ostern ist fast zwei Woche her«, blaffte Taylor.

Er hatte Kirk in diesem Jahr mit dem Verstecken der Ostereier beauftragt, und seiner Meinung nach hatte er diese Aufgabe gewissenhaft erledigt. Nun wollte ihm absolut nicht einleuchten, was das alles mit dem Gestank in der Stadt zu tun hatte.

Kirk machte ein Gesicht, als würde er jeden Moment in Tränen ausbrechen. »Ehrlich, ich habe es genauso gemacht, wie wir es besprochen haben«, jammerte er. »Ich habe persönlich dreihundert Ostereier auf dem Platz versteckt, und die Kinder hatten wirklich einen Riesenspaß bei der Suche. Bis auf die Banyon-Jungs«, sagte er, und seine Miene verdunkelte sich bei dem Gedanken an die beiden. »Die sind von Grund auf schlecht, die kommen bestimmt beide in die Hölle.«

Taylor stöhnte. »Komm zur Sache«, bat er entnervt.

»Die Kinder haben nur zweihunderteinundvierzig Eier gefunden«, gestand Kirk kleinlaut.

»Soll das heißen, auf dem Platz sind noch neunundvierzig Eier versteckt, die dort vor sich hinfaulen?«, schnaubte Taylor.

»Ich dachte, sie würden einfach verrotten und sich auf natürliche Weise auflösen.« Kirk war todunglücklich.

»Eier stinken bestialisch, wenn man sie verrotten lässt.«

»Das weiß ich jetzt auch«, piepste er weinerlich. Er deutete auf Taylors Kopf. »Ich finde dieses Haarteil ausgesprochen glaubwürdig«, erklärte er in der Hoffnung, so wieder ein paar Pluspunkte zu sammeln. Doch der Versuch ging nach hinten los.

»Was, Taylor trägt eine Perücke?«, kreischte eine Frau hinter ihm. Alle anwesenden Kunden im Laden drehten sich um, betrachteten Taylors neue Frisur und begannen, sich vor Lachen zu schütteln.

Tja, so war das: Alles, was Kirk anpackte, war zum Scheitern verurteilt. Das hatte er in letzter Zeit zur Genüge unter Beweis gestellt – zum Beispiel mit seinem Fahrradtaxi, den Ostereiern oder einfach nur mit seinem letzten Satz …

Grandpa verbrachte den Samstagvormittag zusammen mit Jason und seinem neuen Geschäftspartner Bob auf dem Golfplatz. Grandpa war ein brillanter Golfspieler, im Gegensatz zu Jason, der froh war, wenn er überhaupt einmal einen Ball traf.

»Warum können Geschäfte nicht beim Tischfußball ausgehandelt werden? Darin bin ich große Klasse«, meinte Jason verzweifelt und drosch mit seinem Schläger und aller

Kraft, die er aufbringen konnte, auf den Golfball ein. Besser gesagt, er versuchte, auf den Golfball einzudreschen, traf jedoch nur den Rasen. Ein ansehnliches Stück Grün flog nun statt des Golfballs durch die Luft und landete in beachtlicher Entfernung.

Grandpa und Bob warfen sich einen Blick zu. »Wir können froh sein, dass sein Schläger nicht mit weggeflogen ist!«, erklärte Richard ironisch.

»Oh, sieh mal einer an«, sagte Jason und deutete auf einen älteren Herrn, der auf sie zugeschlendert kam.

Grandpa kniff die Augen zusammen. Dann erkannte er, wer da über den Rasen spazierte. Es war niemand anderes als Floyd: sein ehemaliger Chef und seines Zeichens Jasons Vater!

»Ein unliebsames Hindernis auf diesem Golfplatz«, bemerkte Jason sarkastisch. Er hatte von jeher ein gespanntes Verhältnis zu seinem Vater, und seit er für Richard arbeitete, sprachen sie kaum noch ein Wort miteinander. Auch das Verhältnis zwischen Grandpa und Floyd konnte man nicht als das beste bezeichnen. Seit Richard sich selbstständig gemacht hatte und ein ernst zu nehmender Konkurrent Floyds war, hatte sich die Freundschaft zwischen den beiden Männern deutlich abgekühlt, um es mal gelinde auszudrücken.

»Hab ich doch richtig gesehen!«, polterte Floyd, als er bei Grandpa, Jason und Bob angelangt war. »Hallo!«, begrüßte er seinen Sohn. »Der Platzwart wird nicht sehr erfreut sein, dich heute hier zu sehen.«

»Ah, du meinst wegen der herausgeschlagenen Rasenstücke«, nickte Jason.

Floyd wandte sich Grandpa zu. »Richard, schön, Sie mal wieder zu sehen!«

»Ganz meinerseits, Floyd.«

»Und Bob, ich habe Sie gerade beim Schlagen beobachtet. Ich wusste nicht, dass Sie auch so ein Stümper sind!« Floyd lachte künstlich und schlug Grandpas neuem Geschäftspartner kräftig auf die Schulter.

»Doch. Jeder Abschlag stört meinen Spaziergang«, konterte Bob.

»Möchtest du gegen uns spielen, Floyd?«, fragte Grandpa freundlich.

Floyd schüttelte den Kopf. »Eigentlich war ich gerade auf dem Weg zurück ins Clubhaus. Da habe ich euch gesehen. Wie geht es Emily?«

»Ihr geht es gut!«, antwortete Grandpa wahrheitsgemäß.

»Bester Gesundheit?«

»Oh, alles bestens. Und Carol?«, fragte Richard höflich zurück. Carol war Floyds Ehefrau. Als Grandpa noch bei ihm gearbeitet hat, waren sie oft zu viert ausgegangen.

»Carol geht's gut, sehr gut«, nickte Floyd. »Weißt du, sie vermisst Emily. Ihre Gesellschaft.«

»Emily vermisst sie auch ganz sicher«, erklärte Grandpa.

»Sie waren bei jeder Veranstaltung unzertrennlich.«

»Wie siamesische Zwillinge.«

»Sie würde Emily sicher gern mal wieder sehen«, erklärte Floyd plötzlich.

»Emily würde sich auch freuen.«

»Dann sollten wir ein Wiedersehen arrangieren.«

»Das könnten wir versuchen«, sagte Richard höflich und ließ sich sein Erstaunen über Floyds Vorschlag nicht anmerken.

»Wie wäre es, wenn Carol sie mal anruft?«

»Jederzeit«, nickte Grandpa.

»Und wenn die Damen sich vielleicht zum Essen treffen, könnten wir Männer ja mitkommen. Wenn sie uns lassen.«

»Wenn wir mitdürfen«, nickte Grandpa.

»Vielleicht könnte Jason uns auch Gesellschaft leisten«, schlug Floyd mit Blick auf seinen Sohn vor.

»Das wäre dann ein nettes kleines Treffen«, sagte Grandpa.

»Nächste Woche bin ich nicht da, aber diesen Freitag hätte ich Zeit«, erklärte Floyd.

»Freitag wäre perfekt«, erklärte Grandpa schnell.

»Ich hoffe, es klappt.«

»Das hoffe ich auch.«

»Schön, dass wir uns getroffen haben.«

»Finde ich auch, Floyd.«

Floyd hob die Hand. »Bob! Jason!«, sagte er zum Abschied. Dann stiefelte er davon und ließ drei sehr erstaunte Männer zurück.

»Er will sich mit uns treffen«, platzte Grandpa heraus, kaum dass Floyd außer Hörweite war.

»Er will sich mit uns treffen!«, echote Jason und starrte meinen Großvater geschockt an.

11

»War es Carols Idee oder Floyds?«, fragte Emily, als Grandpa und Jason ihr von der Neuigkeit berichteten.

»Nun, schwer zu sagen«, murmelte Grandpa.

»Aber es ist gut, Richard«, sagte Jason, und Grandpa stimmte ihm zu. Er wertete Floyds Vorschlag als Friedensangebot, und dieses Angebot würde er nur zu gern annehmen.

»Aber hat er gesagt, dass Carol es möchte oder dass er es will? Was haben Sie gehört, Jason?« Emily sprang wie ein aufgescheuchtes Huhn in der Küche umher und suchte ihren Terminkalender. Sie war wegen des bevorstehenden Essens mindestens genauso aufgeregt wie die beiden Männer.

Jason zuckte mit den Schultern. »Ich war außer Hörweite«, erklärte er.

Grandpa schüttelte lächelnd den Kopf. »Ein Annäherungsversuch von Floyd Stiles«, sagte er. »Das hätte ich nie zu träumen gewagt.«

»Ja, es ging von ihm aus. Wer hätte das gedacht?«, sagte Jason.

»Hat er von Carol angefangen, bevor er das Essen erwähnt hat oder danach?« Emily ließ einfach nicht locker. Seit Richard und Floyd nicht mehr miteinander sprachen, hatte sie Carol nicht mehr gesehen. Sie hatte das immer ein wenig bedauert, denn sie hatte sich eigentlich gut mit Floyds Frau verstanden.

»Tja, ich habe das Gespräch nicht aufgezeichnet«, sagte Richard leichthin. Normalerweise wäre ihm Emilys Fragerei fürchterlich auf die Nerven gegangen, doch Floyds Annäherungsversuch hatte seine Laune so gebessert, dass die Bohrerei seiner Frau ihm heute gleichgültig war.

»Wir werden hier bei uns essen«, bestimmte Emily und blätterte in ihrem Terminkalender, den sie inzwischen gefunden hatte. »Freitag, richtig? Das heißt, Lorelai und Rory kommen.«

»Er hat Freitag vorgeschlagen«, erklärte Grandpa. »Ich konnte keine Gegenvorschläge machen.«

»Natürlich nicht!«, sagte Grandma verständnisvoll. »Es macht nichts. Freitag ist perfekt.«

Grandpa schüttelte schon wieder den Kopf. Er konnte es immer noch nicht fassen. »Er hat uns mit Bob gesehen«, sagte er stirnrunzelnd.

Jason nickte. »Und dann trotzdem diese Annäherung!«

»Wir sind zu siebt«, sagte Emily und legte ihren Kalender beiseite. »Eine ungerade Zahl. Aber das macht nichts. Oh, das ist wunderbar«, schwärmte sie und stellte bereits im Kopf die Menüfolge zusammen.

Richard lächelte. Wenn es hart auf hart kam, war auf Emily immer Verlass. Er wusste, sie würde dafür sorgen, dass am Freitag einfach alles perfekt sein würde: das Essen, die Drinks, die Dekoration – wahrscheinlich sogar das Wetter. Er freute sich auf den Abend, und er war gespannt, wie er verlaufen würde.

Nach dem Wochenende kehrte ich zurück nach Yale und widmete mich meinem Studium und einem bevorstehenden Besuch von Dean. Er hatte sich für Mittwochabend angekündigt. Seit meinem peinlichen Anruf auf seinem Handy telefonierten wir wieder regelmäßiger, und ab und zu sahen wir uns auch.

Es wurde schnell Mittwoch, und nach meinem letzten Seminar beeilte ich mich, in mein Zimmer zu kommen. Paris war bei Asher. Ich räumte noch schnell ein wenig auf und zog mich um. Dann klopfte es auch schon an der Tür. Wie immer war Dean auf die Sekunde pünktlich. Als ich ihm die Tür öffnete, stand er da – mit einem Monstrum aus dunklem Holz unter dem Arm.

»Was ist das?«, fragte ich erstaunt. »Ein Bücherregal?«

»Ja, eins aus dem Hotel«, erklärte Dean, schleppte das riesige Ungetüm in mein winziges Zimmer und stellte es ächzend vor meinem Bett ab.

Ich schüttelte den Kopf. Wo um alles in der Welt sollte ich dieses Regal unterbringen? »Wo ist das Ding her?«, fragte ich ihn.

»Deine Mutter hatte es für das Dragonfly Inn anfertigen lassen, aber es passt nicht rein. Sie dachte, du kannst es brauchen. Hat sie nichts gesagt?«

»Nein.«

Dean sah sich um. »Bisschen eng!«, stellte er treffend fest.

Ich nickte.

»Das Bücherregal passt nicht rein.«

»Richtig!«

»Was hat sich deine Mutter dabei gedacht?«

Ich zuckte mit den Schultern. »Dass ich Bücher habe. Und dann hat sie aufgehört, darüber nachzudenken.«

»Gut, dann nehme ich es nachher mit zurück«, sagte er und ließ sich erschöpft auf mein Bett sinken.

»Jetzt hast du das riesige schwere Ding ganz umsonst hierher geschleppt.«

»Nein, schon okay. Ist doch egal«, sagte er, und ich setzte

mich neben ihn. In unserem kleinen Zimmer gab es nicht allzu viele Sitzmöglichkeiten, und von denen, die es gab, war das Bett eindeutig die bequemste.

Es war irgendwie merkwürdig, Dean hier zu haben. Ich erinnerte mich daran, dass wir uns früher beinahe täglich gesehen hatten, und plötzlich überkam mich ein wehmütiges Gefühl. Ich schalt mich im Stillen selbst. Es war eine schöne Zeit gewesen mit Dean. Aber die war jetzt vorbei. Er war verheiratet!

»Alles in Ordnung?«, fragte er.

Ich zuckte unmerklich zusammen. »Ja, alles bestens«, erwiderte ich schnell. »Und du? Wie geht's dir? Was macht das College?«

»Äh, na ja …«, stammelte er.

Ich hatte »Was macht das College?« für eine unverfängliche Frage gehalten, doch offenbar hatte ich mich getäuscht.

»Was genau heißt ›na ja‹?«, fragte ich ihn stirnrunzelnd.

»Ich habe eine kleine Pause eingelegt!«, erklärte er schließlich kleinlaut.

»Wie? Vom Studium?«

»Ja, für ein oder zwei Semester, verstehst du?«

Ich verstand ganz und gar nicht. »Ein oder zwei Semester?«, fragte ich. »Aber ich dachte, es läuft bei dir alles so gut?«

»Stimmt ja auch. Es ist nur …« Er zögerte.

»Ja?«

»Lindsay und ich brauchen ein bisschen Geld, und deshalb arbeite ich jetzt vorübergehend auf einer Baustelle.«

Auf einer Baustelle? Ich glaubte meinen Ohren nicht zu trauen. Wie konnte Dean das nur tun? Ich kannte das von anderen. Zuerst macht man ein oder zwei Semester Pause und arbeitet auf einer Baustelle, und dann kehrt man nie wieder ans College zurück. Es war ein Jammer. Dean war so intelligent. Er konnte mehr, als auf Baustellen arbeiten. Ich wusste zwar, dass es mich schon längst nichts mehr anging, was er tat und warum er es tat, aber irgendwie hatte ich trotzdem das Gefühl, ich müsste ihn bekehren.

»Geld? Wofür braucht ihr Geld?«, fragte ich ihn sauer.

»Was meinst du? Zum Leben! Für Sachen!«

Ich bohrte weiter. »Sachen? Was denn für Sachen?«

»Äh, na ja, ähm, weißt du …«, stammelte Dean. »Lindsay möchte gegen Ende des Jahres in ein Reihenhaus ziehen, und da wir ein bisschen knapp bei Kasse sind, dachte ich, es wäre eine gute Idee, ein bisschen Geld zu verdienen.«

»Ist das dein Ernst?« Ich starrte ihn entsetzt an.

»Ja.«

»Ich finde, dass ist ganz und gar keine gute Idee!«, platzte ich heraus. »Das ist eine schreckliche Idee!« Ich wusste selbst nicht, warum ich plötzlich so wütend war. Das alles ging mich überhaupt nichts an.

»Na ja, es ist ja nur vorübergehend«, versuchte Dean mich zu beschwichtigen, doch ich wollte mich nicht beschwichtigen lassen.

»Ja, vielleicht«, sagte ich. »Aber es gibt so viele, die ihre Ausbildung ›nur vorübergehend‹ unterbrechen, aber die meisten machen dann eben doch nicht weiter.«

»Ich werde wieder studieren«, erklärte Dean, doch ich fand, dass das nicht besonders überzeugend klang.

»Das hoffe ich!«, erklärte ich wütend.

»Ein bisschen Vertrauen wäre ganz gut!«

»Ich halte das für einen großen Fehler.«

»Rory, ich bin verheiratet, schon vergessen? Ich habe eine Verantwortung!«

»Du verlierst die Motivation.«

»Tja, ich brauche das Geld.«

»Kann das blöde Reihenhaus nicht warten?« Ich wusste,

dass ich immer lauter geworden war, aber ich konnte mich einfach nicht zurückhalten. Die Vorstellung, dass Dean jetzt auf dem Bau malochte, machte mich einfach stinksauer. Wie konnte Lindsay das von ihm verlangen?

»Jetzt krieg dich wieder ein!«, sagte Dean ärgerlich.

»Ich halte es eben für keine gute Idee!«, erklärte ich trotzig.

»Einen Abschluss irgendwo zu haben, garantiert dir noch lange keinen Arbeitsplatz. Die Zeiten sind nicht so, wie es früher mal war.«

»Du gibst also auf!«

»Wieso verdrehst du alles?«

»Wieso verdrehen? Du wirst auf dem Bau arbeiten, richtig?«

Dean sprang wütend auf. »Was soll das?«, rief er. »Hast du neuerdings Vorurteile?«

»Wir sind Freunde, also kann ich dir sagen, was ich denke!«, sagte ich und sprang ebenfalls auf.

»Bitte!«

Ich atmete tief durch und befahl mir selbst, ruhig zu bleiben. »Du musst weiterstudieren!«, erklärte ich.

»Großartig. Das hast du mir jetzt schon dreimal gesagt. Ich habe es kapiert. Du brauchst dich nicht mehr zu wiederholen.« Er deutete auf das Bücherregal. »Soll das Ding wieder mit?«, fragte er sauer.

Er wollte tatsächlich schon gehen. Na klasse! Erst schleppte er ein riesiges Monstrum in meine Bude, dann eröffnete er mir, dass er sein Studium geschmissen hatte, und dann machte er sich wieder vom Acker. So hatte ich mir den Abend mit ihm nicht vorgestellt. Aber wenn er gehen wollte, dann sollte er das tun. Ich würde ihn jedenfalls nicht zurückhalten. »Das Regal?«, brummte ich. »Ja … Nein … Mir egal!«

»Dann nehme ich's mit.«

»Na schön!«, sagte ich, ging zur Tür und öffnete sie für ihn.

Dean hievte das braune Monstrum hoch und schleppte es ohne ein Wort des Abschieds hinaus.

Für den nächsten Tag hatte Taylor eine große Versammlung auf dem Marktplatz anberaumt, und eine ganze Menge Leute waren gekommen. Mom vermutete, dass der Grund für das zahlreiche Erscheinen nicht der Gestank, sondern vielmehr Taylors neue Haarpracht war. Dank Kirks Bemerkung im Supermarkt hatte sich die Kunde von dem Toupet wie ein Lauffeuer verbreitet.

Sie sollte Recht behalten. Als sich endlich alle versammelt hatten und Taylor zu sprechen begann, hörte niemand zu. Stattdessen begannen die Leute zu kichern und zu tuscheln, während sie auf Taylors Kopf deuteten.

Nur einer war ganz bei der Sache: Kirk! »Jetzt aber bitte mal Ruhe hier, Leute«, rief er und sah Beifall heischend zu Taylor hinüber.

Doch der strafte ihn mit eiskalter Missachtung. Um das Gekicher zu übertönen, hob er schließlich selbst seine Stimme und sprach, so laut er konnte. »Wir wissen alle, weshalb wir hier sind!«, rief er. »Auf diesem Platz sind neunundfünfzig faulende Ostereier versteckt, die wir unbedingt finden müssen. Ich weiß, was ihr jetzt alle denkt! Was ist mit der Karte? Die detaillierte, aufwändig gemachte Karte, in der alle Eier verzeichnet sind, die üblicherweise jedes Jahr angefertigt wird, um genau so eine Katastrophe zu verhindern.«

Er warf Kirk, der ganz vorne in der ersten Reihe stand, einen strafenden Blick zu. »Nun, eine solche Karte wurde dieses Jahr nicht gemacht, liebe Mitbürger! Es wurde einfach keine gemacht.«

Kirk blickte beschämt zu Boden.

»Also!« Taylor klatschte in die Hände. »Diese Arbeit ist anstrengend und auch ekelhaft. Aber um meinen Dank zum Ausdruck zu bringen, darf sich jeder von euch etwas aussuchen bei *Dose's Supermarket*! Auf jedes Fertiggericht erhaltet ihr fünf Prozent Rabatt. Und jetzt haltet euch fest: zwanzig Prozent gibt es auf das Sushi vom Vortag!«

Anerkennendes Gemurmel machte sich breit.

Taylor klatschte erneut in die Hände, um sich Gehör zu verschaffen. »Tja, da die Blumenausstellung in drei Tagen stattfinden soll, wird das ein Wettlauf gegen die Zeit«, erklärte er. »Aber wenn ich mir diese Ansammlung hoch motivierter Freiwilliger ansehe, fängt mein Herz an höher zu schlagen!«, rief er pathetisch. »Ich sehe Amerika, und das erfüllt mich mit Stolz!« Um seine Worte zu unterstreichen, erhob er die Faust und schüttelte sie kräftig in der Luft. Die Ansammlung »hoch motivierter Freiwilliger« kicherte, und Taylor brummte irgend etwas, das so klang wie ›unpatriotisches Pack‹ oder so ähnlich. »Also, habt ihr irgendwelche Fragen?«, rief er schließlich.

»Ja! Was soll das Toupet?«, rief jemand.

Alle lachten.

»Das ist kein Toupet!«, brüllte Taylor wütend, und das Gelächter wurde immer lauter.

»Hat irgendjemand eine seriöse Frage?«

Ein junger Kerl namens Joe meldete sich. »Ich bin Jude«, erklärte er.

»Na ja, das ist schön«, nickte Taylor.

»Darf ein Jude überhaupt Ostereier suchen?«

»Das müssen Sie bitte mit Ihrem Rabbi klären! Sonst noch Fragen?« Als sich niemand zu Wort meldete, zog Taylor ein Blatt Papier aus der Hosentasche und hielt es in die Luft. »Bitte, macht mir über jedes gefundene Ei Meldung. Ich werde den Gesamtstand im Auge behalten. Also viel Glück! Möge die Suche beginnen!«

»Wir werden dich nicht enttäuschen, Taylor!«, rief Kirk, und seine Stimme überschlug sich beinahe vor Eifer. »Denn wir werden in der nächsten Stunde nicht nur zwanzig Eier finden, wir finden natürlich fünfundzwanzig, und dann dreißig, und dann vierzig …«

Kirk brüllte noch eine Weile vor sich hin, doch niemand hörte ihm zu. Taylors Truppe hatte sich nämlich bereits aufgelöst. Die einen gingen nach Hause. Sie hatten keine Lust auf die nachösterliche Eiersuche. Andere spazierten über den Platz und sahen halbherzig hinter den einen oder anderen Strauch, in der Hoffnung, hier vielleicht eines der faulen Eier zu finden. Das ging etwa eine Stunde so. Dann war noch eine Hand voll Leute da. Und natürlich Kirk. Der rannte den ganzen Tag wie ein wild gewordener Eber über den Platz und suchte verzweifelt nach den Eiern, die er selbst versteckt hatte.

12

Mom war gar nicht erst zur Eiersuche erschienen. Sie hatte jede Menge im Hotel zu tun, und für den Abend hatte sie sich mit Jason verabredet. Sie schaffte es beinahe, pünktlich um acht Uhr da zu sein. Als sie in seine Wohnung kam, stand das Essen bereits auf dem Herd und duftete verlockend.

»Du hast gekocht!«, rief Mom begeistert, zog sich ihren Mantel aus und hängte ihn fein säuberlich an die Garderobe. Sie wusste, dass Jason es nicht mochte, wenn sie ihre Sachen einfach irgendwohin warf.

»Die Kartoffeln brauchen noch ein paar Minuten«, erklärte Jason, gab Mom einen Begrüßungskuss und führte sie ins Wohnzimmer. Dann nahm er eine kleine Topfpflanze von seinem Bücherregal und drückte sie ihr in die Hand. »Kannst du mal einen geeigneten Platz suchen?«, bat er.

Mom sah sich um. Jason hatte seine Wohnung geschmackvoll eingerichtet. Die Möbel waren modern und stilvoll, und alles passte gut zusammen. Nur diese eine Blume, die wollte nirgends so richtig hinpassen. Mom deutete auf eine Ecke unter der Treppe. »Wie wäre es hier?«, fragte sie.

»Auf gar keinen Fall!« Jason schüttelte entschieden den Kopf.

»Wieso nicht?«

»Zu dunkel!«

»Du hast es erfasst! Das ist eine dunkle Ecke. Durch die Pflanze wird sie freundlicher.«

»Pflanzen brauchen Licht!«

»Tatsächlich?« Mom sah ihn ehrlich erstaunt an. Wenn sie etwas nicht hatte, dann war es der so genannte »grüne Daumen«.

»Das ›Photo in Photosynthese‹ erklärt es«, erklärte Jason geduldig.

»Oh, es gibt sicher auch Pflanzen, die nur synthetisieren«, beharrte Mom.

»Nein, die Photo-Geschichte ist unbedingt nötig.«

»Die Pflanzen, die ich bisher hatte, brauchten kein Licht.«

»Sind die noch am Leben?«

»Äh, nein!«

»Die armen Dinger hatten keine Chance«, seufzte Jason.

Mom stellte die Pflanze mitten auf den kleinen Couchtisch und ließ sich auf Jasons schwarzes Ledersofa plumpsen. »Hey, bist du fit für Freitag?«, fragte sie und bedeutete ihm, sich neben sie zu setzen.

Jason tat ihr den Gefallen und sah sie einen Augenblick irritiert an. Ganz kurz hatte er vergessen, dass er am Freitagabend seine Eltern treffen würde. »Ah, für das Essen bei Emily und Richard!«, nickte er.

Lorelai lächelte. »Du hast sie ja eine ganze Weile nicht gesehen, oder?«

»Meine Mutter habe ich ab und zu getroffen, aber mit Floyd habe ich seit einer Ewigkeit kein Wort mehr gewechselt.« Er sah Mom an. »Ich bin ein bisschen nervös«, gab er schließlich zu.

»Ja, kann ich verstehen«, nickte Lorelai.

»Und er wird mich Digger nennen«, erklärte er unglücklich. »Oh, er liebt es, mich Digger zu nennen! Und bisher hat er alle meine Freundinnen gehasst!«

Mom runzelte die Stirn. »Ähm, wirklich?«

»Ja, meine Mutter auch. Ein verdrehter Ödipuskomplex. Und sie hassen nicht nur die, die ich toll finde. Sie haben mich einmal mit einer verkuppelt, die sie entzückend fanden, und als sie schnallten, dass ich sie auch nett fand, haben sie sie vergrault. Sie wohnt jetzt in Alaska!«

»Wieso erzählst du mir das?«, rief Mom entsetzt.

»Nur eine kleine Warnung!«

»Damit erreichst du nur, dass ich nervös werde, hörst du!?«

Jason legte beruhigend einen Arm um sie. »Ist doch egal, sie wissen doch nicht, dass wir zusammen sind.«

»Irgendwann werden sie es erfahren.«

»Gut, imponiere ihnen, solange sie es nicht wissen! Beuge ihrem geballten Zorn vor!«

»Na toll, und dann hassen sie mich wahrscheinlich rückwirkend.«

Jason nickte. »Ja, ja, das habe ich auch schon erlebt.«

»Du solltest Motivationstrainer werden!«, bemerkte Mom.

»Tut mir Leid. Soll ich dir was sagen? Weil du jetzt so nervös bist, bin ich es plötzlich nicht mehr.«

»Dann hat es was Gutes?«

»Es war nicht absichtlich!«

»Dann ist ja gut«, sagte Mom und verdrehte die Augen.

Da durch eine glückliche Fügung einige Seminare ausgefallen waren, fuhr ich in dieser Woche schon am Donnerstag zurück nach Stars Hollow. Als ich von Mom erfuhr, dass meine beste Freundin Lane in der Stadt war, rief ich sie sofort an und verabredete mich mit ihr. Lane war gebürtige Koreanerin mit sehr traditionsbewussten Eltern. Sie hatte lange gebraucht, um sich von ihrer strengen Mutter zu emanzipieren, doch schließlich hatte sie es geschafft. Inzwischen spielte sie in einer Rockband und trug grundsätzlich die abgefahrensten Klamotten. Als ich sie am Nachmittag in Lukes Bar traf, hatte sie eine zerrissene Jeans an, darüber einen zerrissenen Minirock und dazu ein regenbogenfarbenes Top. Wenn ich so etwas tragen würde, würde wahrscheinlich jeder mit dem Finger auf mich zeigen. Bei Lane sah es toll aus – und irgendwie ganz normal.

Sie wohnte nicht weit von Stars Hollow entfernt in einer WG mit lauter Männern. Wir beschlossen, abends gemeinsam dort zu kochen, weshalb wir uns, nachdem wir bei Luke einen Kaffee getrunken hatten, auf den Weg in den Supermarkt machten.

Ich weiß nicht, wie Lane das machte, aber irgendwie gelang es ihr immer wieder, das Gespräch auf ihr Lieblingsthema zu lenken: Musik. »Ende der Siebziger gab es eine Disco-Gegenbewegung, extrem heftig!«, erklärte sie mir eifrig, während wir Richtung *Dose's Supermarket* marschierten. »Wir haben Donna Summer in die Flucht geschlagen!«

Ich sah sie verwirrt an. »Wir? Du warst noch nicht auf der Welt!«

»Ich bin eine verwandte Seele«, erklärte sie mir.

»Verstehe.«

»Und wo ist die Leidenschaft heute? Wo ist sie?«

Ich zuckte gelassen mit den Schultern. »Das Discofieber ist doch tot! Von der Bildfläche verschwunden.«

»Aber es gibt noch so viel, das ausgelöscht werden muss. Falsche Rapper, das meiste Techno-Zeug, Country Musik, christlicher Rock! Das ganze Cover-Zeug, diese ätzenden Kuschelrock-Radiosender, die immer nur den einen Nirvana-Song rauf- und runterspielen. *The Rubens, The Clays, The Clarksons*.«

Ich verzog das Gesicht. »Das wird ein Blutbad«, prophezeite ich düster. Dann blieb ich plötzlich wie angewurzelt stehen. Wir waren auf dem Marktplatz angekommen, und ich entdeckte Taylor, Kirk und einige andere, die offenbar auf der Suche nach irgendetwas Bestimmtem waren. Sie schritten systematisch den Platz ab. »Was machen denn die hier?«, fragte ich Lane.

»Weißt du das etwa nicht?«

Ich schüttelte den Kopf. Ich hatte keine Ahnung. Mom hatte mir nichts erzählt.

»Riechst du das nicht?«, wollte Lane wissen, streckte die Nase in die Luft und schnupperte.

»Doch!«, sagte ich, und plötzlich erinnerte ich mich daran, dass der Geruch schon am vergangenen Wochenende Thema bei Luke gewesen war. Da hatte es geheißen, tote Stinktiere seien Schuld daran. Lane berichtete mir, dass inzwischen der wahre Grund ans Tageslicht gekommen war.

»Was ist der wahre Grund?«, wollte ich wissen.

»Taylor hatte Kirk mit dem Verstecken der Ostereier betraut«, erklärte sie. »Tja, und, äh, es wurden leider nicht alle gefunden.«

»Hat er es nicht aufgeschrieben?«

»Er hat keine Eierkarte gemacht.«

»Er hat keine Eierkarte gemacht?«, fragte ich entsetzt.

Lane schüttelte den Kopf. »Ich war genauso geschockt.«

»Es wurde jedes Jahr so eine Karte gemacht!«

»Wir haben noch drei Eier gefunden, Taylor!«, rief Kirk gerade.

»Das ist nicht gut, das ist nicht sehr gut. Über die Hälfte fehlt noch«, jammerte Taylor. »Und jede Minute desertiert einer von den freiwilligen Helfern.« Er näherte sich einem Lindenbaum, der die Mitte des Platzes zierte. Als er hinaufsah, entdeckte er Sookies Mann Jackson in den Ästen.

Lane und ich blieben stehen und warteten gespannt, was jetzt passieren würde.

»Was ist denn hier los?«, rief Taylor.

»Da sind zwei im Baum versteckt«, rief Jackson nach unten.

Taylor blickte Kirk fassungslos an. »Du hast Ostereier auf einem Baum versteckt?«, fragte er kopfschüttelnd.

»Oh, richtig!«, nickte Kirk.

»Da kommen die Kinder doch überhaupt nicht ran.«

»Die anderen habe ich so versteckt, dass die Kinder sie finden. Die im Baum habe ich für mich versteckt.«

Taylor stöhnte, und Lane und ich auch. Wir gingen weiter, denn wir hatten genug gesehen.

Im Supermarkt angekommen, schnappten wir uns einen Einkaufswagen und schlenderten an den Regalen vorüber.

»Also, was sagt die Einkaufsliste?«, fragte ich Lane.

»Na ja, wir haben immer noch keinen Kühlschrank, keinen Herd, keine Mikrowelle. Also nichts Verderbliches! Nichts, wofür man heißes Wasser braucht, und nichts, was gekocht werden muss.«

Es war schon eine Weile her, dass Lane von zu Hause ausgezogen war, aber wahrscheinlich war sie so sehr mit ihrer Musik beschäftigt, dass sie einfach noch nicht dazu gekommen war, die grundlegendsten Geräte anzuschaffen. Oder es fehlten einfach die finanziellen Mittel dafür. Ich wusste, dass Lane so gut wie gar nicht von ihren Eltern unterstützt wurde.

»Was ist mit Dörrfleisch?«, schlug ich vor.

»Unbedingt!«

Ich warf eine Packung davon in den Einkaufswagen. »Und natürlich Powerriegel«, erklärte ich.

»Oh, Finger weg. Haben wir etwa in der Lotterie gewonnen?«

»Ein Powerriegel ist ein Luxusartikel?«

»Ja, wenn man mit Typen zusammenlebt, die immer gleich zehn Stück auf einmal essen, obwohl jedem nur einer zusteht, muss man die Kosten gering halten.«

»Brezeln?«, fragte ich und nahm eine Packung davon aus dem Regal.

»Perfekt.«

»Sind Waffeln für den Toaster im Budget?«

Lane nickte. »Davon kannst du jede Menge nehmen.«

»Habe ich dir erzählt, dass Dean da war?«, fragte ich gespielt beiläufig.

»Wo? In Yale?«

»Er hat mir ein Bücherregal vorbeigebracht. Hey, willst du ein Bücherregal? Es kostet nichts!«

»Ja, sehr gern. Und, wie geht's dem guten alten Dean so?«

»Er hat sein Studium abgebrochen«, erklärte ich mit Todesverachtung.

Lane sah mich schockiert an. Offenbar fand sie diese Tatsache genauso unglaublich wie ich. »Ist das dein Ernst?«, fragte sie.

»Er sagt, er braucht Geld! Was ist mit Marshmallows?«

»Klar. Nimm doch gleich noch die Villa in der Park Avenue.«

Schweren Herzens legte ich die Tüte zurück. »Luxusartikel, verstehe«, erklärte ich mit Grabesstimme.

»Also arbeitet er jetzt nur noch?«, wollte Lane wissen.

»Ich finde das zu ärgerlich. Dean ist so intelligent. Er könnte so viel mehr.« Wir schlenderten weiter. »Hey, Toast Melba?«

»Billig, geschmacksneutral, sättigend!«

»Dann pack ich ein paar mehr ein.«

»Und ich nehme doch eine Tüte Marshmallows«, erklärte Lane plötzlich, ging zurück und nahm eine Tüte mit dem süßen Zeug aus dem Regal. »Als kleine Aufmerksamkeit für die Jungs.«

»Ich bin sauer auf Dean, weil er so was macht«, erklärte ich. »Aber noch viel mehr auf Lindsay. Die ist so egoistisch.«

»Weiber!«, nickte Lane.

»Sie ist seine Frau! Sie sollte ihn ermutigen, weiterzustudieren und an seine Zukunft zu denken. Aber nein, sie will ein Reihenhaus und einen blöden Rolls-Royce.«

»Sie kaufen sich einen Rolls-Royce?«

»Nein, aber das Reihenhaus, und er scheint sich nicht mal darauf zu freuen. Er macht das alles nur für Lindsay. Wieso sucht *sie* sich keinen Job? Was macht sie schon groß den ganzen Tag?« Ich bugsierte den Einkaufswagen um die Ecke und erstarrte. Vor mir stand, groß und leibhaftig Lindsay. Ich wurde rot bis unter die Haarwurzeln. Ich hatte nicht gerade leise gesprochen, und es war davon auszugehen, dass sie jedes Wort, das ich eben gesagt hatte, gehört hatte. Ihr Verhalten sprach auch dafür. Sie starrte mich wütend an. Dann machte sie plötzlich auf dem Absatz kehrt und rannte, ohne ein Wort zu sagen, davon.

»Denkst du, dass sie uns vielleicht nicht gehört hat?«, fragte ich Lane hoffnungsvoll.

Sie schüttelte den Kopf. »Sie hat uns gehört!«, erklärte sie und ging voraus in Richtung Kasse.

»Kirk?!«

»Da … das bin ich«, stammelte er. Er stand in Lukes Diner und konnte sich kaum noch auf den Beinen halten. Luke stand hinter der Theke und betrachtete ihn besorgt. »Willst du was bestellen?«, fragte er.

»Wieso?« Seine Stimme klang schwach.

»Normalerweise tust du das, wenn du zu mir ins Café kommst!«

»Oh, ja!« Kirk nickte. Dann starrte er eine Weile die weiße Wand ihm gegenüber an.

»Kirk?«, rief Luke.

»Das bin ich.«

»Möchtest du einen Kaffee?« Dieses Mal sprach Luke sehr langsam und deutlich. Kirks Zustand sah bedenklich aus, und er wollte sicher gehen, dass er ihn verstand.

»Ja, bitte!«, nickte er.

Luke schenkte eine Tasse Kaffee ein und ging damit zu ihm hinüber. »Deine Augen bewegen sich unkoordiniert!«, stellte er fest.

»Ich bin seit sechsunddreißig Stunden wach. Das habe ich das letzte Mal 1997 getan, als ich mir alte *Kojak*-Folgen angesehen habe.«

»Verstehe. So etwas habe ich auch mal gemacht!«, sagte Luke verständnisvoll und reichte ihm die Tasse. Er wollte noch etwas Tröstendes sagen, doch im nächsten Moment flog die Tür auf, und Taylor stapfte herein. Man brauchte ihn nur anzusehen, dann wusste man, dass seine Laune ihren vorläufigen Tiefpunkt in diesem Jahr erreicht haben durfte, und dass Kirk hier war, trug nicht gerade zur Hebung seiner Stimmung bei.

»Ein Truthahnsandwich mit Salat, Tomate und Gurke«, blaffte er in Lukes Richtung.

Luke marschierte wieder hinter den Tresen. »Kommt sofort«, sagte er, und für seine Verhältnisse klang das ziemlich freundlich.

»Wir schaffen das, Taylor«, sagte Kirk. Wir finden diese letzten zwölf Eier!« Doch es hörte sich alles andere als überzeugend an. Ich durchkämme den Platz, bis ich alle gefunden habe!«, versprach er unglücklich, und sein Körper schwankte dabei bedenklich hin und her.

Luke befürchtete, dass er jeden Augenblick zusammenklappen könnte.

Taylor warf Kirk einen verächtlichen Blick zu. »Ich würde gern gleich bezahlen und draußen warten, Luke«, erklärte er.

»Ich könnte Joe bitten, mir zu helfen«, piepste Kirk. »Ich übernehme die Ostseite, er die Westseite. Auf diese Weise können wir …«

»Jetzt reicht's aber!«, brüllte Taylor plötzlich. »Reicht es dir nicht, dass ich für das leiden muss, was du dieser Stadt angetan hast? Musst du mich auch noch persönlich weiterquälen?«

»Wir werden die zwölf finden«, flüsterte Kirk.

»Wir werden die zwölf nicht finden!«, erklärte Taylor. Deinetwegen ist eine Katastrophe über uns hereingebrochen. Bist du jetzt glücklich?«

»Nein«, hauchte Kirk.

»Ich habe dir die Verantwortung übertragen, weil ich dachte, dass ich dir vertrauen kann. Aber jetzt muss ich die Blumenausstellung absagen!«

Als Kirk das hörte, rang er entsetzt nach Atem. »Nein!«, rief er.

»Ich rufe gleich morgen an. Die Blumenausstellung können wir abschreiben!«

»Aber es fehlen bloß noch zwölf!«

»Wir müssten jedes verdammte einzelne Ei finden, und wenn du auch nur für fünf Cent Grips in der Birne hättest, würdest du endlich einsehen, dass das unmöglich ist!«

»Joe und ich …«

»Joe ist gerade zu seinem Kabbalakurs, ich habe keine Männer mehr übrig.«

»Doch, du hast mich, Taylor!«, erklärte Kirk heiser.

»Ich sagte, ich habe keine *Männer* mehr!«, erklärte Taylor kalt. »Und Appetit habe ich auch nicht mehr!« Mit diesen Worten verließ er den Laden. Kirk starrte ihm apathisch hinterher. Dann brach er zusammen und fiel zu Boden.

13

»Hallo allerseits!«, rief Mom gut gelaunt und betrat mit mir im Schlepptau Grandmas Terrasse. Sie sah sich beeindruckt um. »Wow, die Terrassenheizer sind der Hit!«, sagte sie zu Emily.

Nicht nur die Terrassenheizer waren der Hit. Grandma hatte wirklich alles gegeben. Ich weiß nicht, wie sie es gemacht hatte, aber pünktlich zum heutigen Tag blühten alle Blumen, die sie in die großen Kübel gepflanzt hatte. Auch die Stauden im Garten zeigten ihr schönstes Gesicht. Die Gartenmöbel waren frisch gestrichen, und alles war wunderhübsch dekoriert. Hier sah es aus wie im Paradies, oder zumindest so, wie ich glaubte, dass es dort aussah.

»Es ist doch nicht zu kalt, oder? Wir dachten, wir beginnen den Abend hier draußen!«, erklärte Grandma.

Ich nickte. »Sehr schön!«

Mom und ich gingen zu Jason hinüber. Er war schon eine Weile hier und hatte es sich in einem der großen, gut gepolsterten Gartenstühle bequem gemacht. Mom und ich setzten uns zu ihm, und wir beobachteten, wie Grandma und Grandpa aufgeregt über die Terrasse fegten.

Emily schob seit geraumer Zeit einen Servierwagen über die Terrasse, den sie mit Gläsern und einer Vielzahl an Flaschen bestückt hatte. Sie stellte ihn neben den großen Tisch, trat einen Schritt zurück und betrachtete den Standort genau. »Ist das der beste Platz für den Wagen?«, fragte sie Richard.

»Lieber ein Stück zurück!«, sagte Grandpa. Er war mindestens so nervös wie Emily.

»Du hast Recht.« Sie schob den Wagen wieder zurück.

»Sie schieben in einer Tour alles hin und her«, flüsterte Jason uns zu. »Den Wagen, die Terrassenheizer, mich. Vorhin saß ich dort.« Jason deutete auf eine kleine Gartenbank auf der anderen Seite der Terrasse.

»Sie sind Perfektionisten«, erklärte Lorelai.

»Es ist wie in einem Ameisenhügel.« Jason schüttelte über so viel Aktionismus verwundert den Kopf.

»Oh, ich hole lieber die Flasche mit dem Gin, den Floyd so gern trinkt, aus dem Eisfach«, sagte Grandpa und rannte ins Haus.

»Vielleicht war der vorige Platz doch besser«, sagte Emily und betrachtete nachdenklich den Servierwagen.

»Du hast alles wunderschön arrangiert, wirklich«, sagte Mom. »Es ist alles perfekt!«

»Ja, ich denke auch«, sagte Grandma. Dann sah sie plötzlich nach oben. »Wo kommt denn dieses grauenhafte Licht her?«, fragte sie stirnrunzelnd.

»Ich denke, das ist der Mond«, meldete ich mich zu Wort.

»Willst du den Mond vielleicht auch verrücken, Mom?« Lorelai schüttelte den Kopf.

»Ich nehme doch stark an, er wird sich irgendwann selbst verrücken.« Emily richtete den Blick auf Mom. »Du siehst hübsch aus«, sagte sie und betrachtete wohlwollend das schwarze knielange Kleid, das ihr ausgesprochen gut stand.

»Danke.« Lorelai sah zufrieden an sich hinab.

»Wieso siehst du so hübsch aus?«, fragte Grandma erstaunt.

»Weil ich weiß, wie wichtig dieser Abend für euch ist. Also dachte ich, ich mache mich schick.«

Ich glaube, Grandma hätte gern noch weitere Kommentare zu Moms Outfit abgegeben, doch in diesem Augenblick schellte es an der Tür. Emily atmete einmal tief durch. »Da sind sie!«, sagte sie, fuhr sich noch einmal durch das Haar und warf dem Mond, der sich bislang noch nicht selbst verrückt hatte, einen missbilligenden Blick zu. Dann marschierte sie ins Haus, um die Gäste in Empfang zu nehmen.

Ich sah zu Mom hinüber. Sie sah heute Abend wirklich besonders hübsch aus, fand ich, und ich hielt es für eine gute Idee, ihr das noch einmal zu sagen.

Mom stöhnte. »Was ist mit euch los? Laufe ich sonst im verdreckten Jogginganzug rum, weil ich vom Schweinefüttern komme?«

»Nein«, erwiderte ich. »Du weißt schon, du siehst eben nicht aus, als wärst du gerade arbeiten gewesen.«

»Darf ich mich nicht aufbrezeln?«

»Deine Mutter ist nur ein bisschen nervös«, erklärte Jason.

»Oh, natürlich!« Ich schlug mir mit der flachen Hand vor die Stirn. »Du lernst zum ersten Mal seine Eltern kennen. Das hatte ich gar nicht bedacht. Ich verstehe! Deshalb hast du geduscht.«

»Deshalb habe ich nicht geduscht!«, raunzte Mom genervt. Dann sprangen wir alle drei auf, denn Grandpa und Grandma betraten mit Floyd und Carol die Terrasse.

»Oh, eure Terrasse ist ein Traum, Emily«, flötete Carol und sah sich begeistert um.

»Es geht los«, raunte Mom uns zu, und dann gingen wir, Mom, Jason und ich, zu Carol und Floyd hinüber.

»Hallo, Schatz!«, sagte Carol und tätschelte Jasons Wange.

»Hallo, Mom«, sagte Jason und lächelte gequält.

»Floyd, Carol«, sagte Grandma und deutete auf Mom und mich. »Das ist unsere Tochter Lorelai und unsere Enkelin Rory.«

Wir schüttelten den beiden Gästen brav die Hände.

»Wir kennen uns schon«, sagte Mom zu Floyd. »Aber das ist lange her.«

»Wir erinnern uns gut an Sie«, sagte Floyd höflich.

Carol musterte sie unverhohlen. »Haben Sie sich etwa unseretwegen so in Schale geworfen?«, fragte sie lächelnd.

Ich wusste, dass sie innerlich kochte, doch Mom bewahrte Contenance. »Nein, nein, das ist nichts Besonderes«, lächelte sie.

»Wie wäre es mit einem Aperitif vor dem Essen?«, fragte Richard und sah sich nach dem Servierwagen um. Als er ihn entdeckte, ging er hinüber und nahm eine Flasche in die Hand. »Immer noch einen Martini extra trocken, Floyd?«, fragte er.

»Aber ja doch«, nickte sein ehemaliger Chef.

»Und einen Bourbon mit einem Spritzer Wasser. Richtig, Carol?«

»Ganz genau, Richard.« Carol sah sich noch einmal eingehend um. »Ihr habt die Terrasse umgestaltet, nicht wahr? Sieht ganz großartig aus.«

»Ja, nicht wahr?«, nickte Grandma stolz.

Carol deutete auf einige kleine Bäumchen, die Grandma in Kübel gepflanzt hatte. »Oh, die Bäume gefallen mir sehr. Was sind das für welche?«

»Afrikanische. Komm, ich zeig sie dir«, sagte Emily, hakte sich bei Carol unter und führte sie in den Garten.

Floyd betrachtete Mom eine Weile. »Ich überlege gerade, bei welcher Gelegenheit wir Sie zuletzt gesehen haben«, sagte er nachdenklich.

»Ähm, vermutlich im Sommerlager«, lächelte Mom.

»Richtig, als wir Jason abgeholt haben, da gab es eine Talentshow. Sie sangen ein Duett mit einem verpickelten Pubertierenden.«

»›Kratergesicht‹ Cutler«, nickte Mom.

»Er ist Anwalt geworden und ausgesprochen verbittert!«, wusste Jason zu berichten.

»Ja, der picklige Junge war grausam«, lachte Floyd. »Aber Sie waren ausgezeichnet, sehr charmant!«

»Es war was aus *Grease*.«

»Hat Cutler deswegen Pickel gekriegt?«, witzelte Jason.

»Vielleicht. Mein Song war *Summer Loving*. Ich musste mich irgendwann dabei auf seinen Schoß setzen. Es war sehr unbequem.«

Jason nickte mitleidig. ›Kratergesicht‹ hatte unglaublich knochige Knie.«

Floyd sah seinen Sohn an und lachte. »Und du hast mit irgendwem getanzt, wenn ich mich richtig erinnere.«

»Oh, ja, einen Cha-Cha-Cha«, nickte Mom.

»Vielen Dank, dass du mich daran erinnern musstest«, erwiderte Jason gequält.

»Vielen Dank, dass ich nie ein Sommerlager musste«, sagte ich.

»Ach was, du warst toll«, sagte Mom zu Jason. »Stark fand ich, wie ihr mit den Köpfen zusammengeprallt seid.«

Jason nickte. »Ja, meine Tanzpartnerin war ›Klumpfuß‹ Cindy. Sie hat ›Kratergesicht‹ Cutler geheiratet. Sie haben jetzt wunderschöne Kinder!«

»Hier kommen die Drinks!«, rief Richard und kam, ein Tablett mit gefüllten Gläsern balancierend, auf uns zu.

Wir nahmen uns jeder ein Glas. Oder besser gesagt, jeder außer mir.

»Äh, Rory, deine Limonade haben wir drinnen vergessen«, erklärte Grandpa schuldbewusst.

»Oh, ich hole sie«, sagte ich, fast ein bisschen dankbar, dass ich der Gesellschaft auf der Terrasse einen Augenblick entfliehen konnte. Irgendwie kam ich mir unter den ganzen »Erwachsenen« vor wie das fünfte Rad am Wagen. Ich ging also ins Haus und ließ mir Zeit mit der Suche nach meiner Limonade.

Inzwischen waren Carol und Emily von ihrer Expedition in Grandmas Garten zurückgekehrt, und auch sie nahmen sich ihren Drink vom Tablett.

»Schön, dass wir uns endlich einmal wieder sehen«, sagte Floyd und erhob das Glas.

»Auf uns«, sagte Richard. Alle stießen miteinander an und tranken.

Dann zogen sich Mom und Jason diskret in ihre Gartenstühle zurück und beobachteten den Verlauf der Wiedervereinigung zwischen Carol, Floyd, Emily und Richard aus sicherer Entfernung.

»Mein Vater hat heute Abend ausgesprochen gute Laune«, stellte Jason zufrieden fest und legte unauffällig einen Arm um Mom.

Sie schob ihn vorsichtshalber wieder beiseite, denn sie wollte auf keinen Fall riskieren, dass ausgerechnet heute, an diesem wichtigen Abend, jemand ihr kleines süßes Geheimnis entdeckte. »Ja, finde ich auch«, sagte sie lächelnd.

»Wenn ich richtig mitgezählt habe, hat er erst zwei Spitzen gegen mich losgelassen, was erstaunlich ist. Übrigens, auch wenn du es nicht mehr hören kannst, darf ich dir sagen, wie hübsch du heute aussiehst?«, lächelte Jason.

»Ja, ich weiß auch nicht. Ich glaube, ich sollte öfter duschen«, seufzte Mom.
Nachdem die Drinks getrunken waren, hatte Grandma alle an den Tisch gebeten. Tilda hatte bereits aufgetragen, und das Essen duftete köstlich. Es gab Rindfleischsuppe vorweg, dann einen köstlichen Rollbraten mit Salat und Gemüse, und zum Nachtisch Vanilleeis und Tiramisu. Sie hatte nicht zu viel versprochen. Das Menü war absolut perfekt und schmeckte ausnahmslos hervorragend. Kein Wunder, dass am Ende kaum noch etwas übrig blieb.

Nachdem alle satt waren, blieben wir noch eine Weile am Tisch sitzen und plauderten. Es war eine entspannte Atmosphäre – man könnte sagen, ein richtig netter Abend –, selbst für mich als »Küken« in der Runde.

Irgendwann kramte Carol einige Fotos von ihrem Enkelsohn aus ihrer Handtasche hervor und zeigte sie uns voller Stolz. »Hier hat er seinen ersten Schritt gemacht. Ich war so froh, dass ich meine Kamera dabeihatte«, sagte sie.

Grandma nahm das Foto zur Hand und betrachtete es eingehend. »Oh, ein reizender Schatz«, lobte sie und reichte das Bild an Grandpa weiter.

»Ha, der wird ja mal richtig groß«, sagte er anerkennend.

Floyd nickte. »Football. Er wird in der Defense Line spielen, bei den Bulldogs, im Jahr 2021.«

»Floyd hat alles schon geplant«, lachte Carol.

Mom betrachtete ein anderes Foto aus der »Enkelkind-Serie«. Dann sah sie Jason stirnrunzelnd an. »Sag mal, könntest du das sein, der seinen Neffen so liebevoll auf dem Arm hält und der zudem gar nicht mal unglücklich aussieht?«

»Ich hatte ihm gerade von seinem neuen Investmentfonds erzählt«, erwiderte Jason.

»Oh, du sentimentaler Narr«, gab Mom sarkastisch zurück.

»Wisst ihr, ich habe großartige Fotos von Rory. Ich hole sie schnell«, meldete sich Emily zu Wort.

»Aber ich bin hier, Grandma«, protestierte ich.

»Ich weiß, aber du bist schon so groß.«

»Mach dich für Grandma ein bisschen kleiner, Schatz«, schlug Mom vor. Ich stöhnte, und ich fand, dass dies der perfekte Zeitpunkt war, um diese illustre Runde zu verlassen.

»Wäre es eigentlich in Ordnung, wenn ich schon gehen würde?«, fragte ich höflich.

»Sie muss bis nächste Woche eine wichtige Hausarbeit schreiben und noch viel lesen«, kam Mom mir zu Hilfe.

Emily klatschte in die Hände. »Oh, ja, Rory, wir haben dich schon viel zu lange hier festgehalten!«, sagte sie. »Geh nur, geh!«

Ich nickte dankbar und erhob mich.

»Und danke, dass du uns das Gefühl gibst, du hättest dich nicht mit uns gelangweilt«, sagte Carol lächelnd. Ich stutzte. Ich hatte keine Ahnung, wie das gemeint war. Ich hoffte, nicht so, wie es klang. Vorsichtshalber setzte ich mein strahlendstes Lächeln auf. »Oh, nein, ich habe mich nicht gelangweilt«, rief ich, und es war sogar die Wahrheit. »Es war schön. Gute Nacht«, sagte ich und verabschiedete mich noch brav von jedem Einzelnen. Dann ging ich hinaus.

»Ein reizendes Kind!«, hörte ich Floyd noch sagen. Dann fiel die Haustür hinter mir ins Schloss.

Nachdem ich weg war, löste sich die Runde am Tisch schnell auf. Grandpa schlug Floyd und Jason vor, gemeinsam in die Bibliothek zu gehen, um dort Zigarren zu rauchen und über Geld zu sprechen. Eine grauenhafte Angewohnheit, wie ich finde. Geld stinkt zwar nicht, aber die Zigarren umso mehr!

Auch Mom fand dieses Zigarrenritual furchtbar, aber es gab nichts, was sie dagegen tun konnte. »Geht ihr nur. Setzt euch ums Feuer, schlagt euch auf die Brust. Wir warten«, sagte sie seufzend.

Grandpa nickte und führte seine beiden männlichen Gäste hinaus, während Grandma, Mom und Carol ins Wohnzimmer gingen und es sich auf dem Sofa bequem machten. Sie beschlossen, auf Zigarren zu verzichten und stattdessen einen Brandy zu trinken. Eine hervorragende Idee. Brandy schmeckt zwar genauso eklig, verpestet aber wenigstens nicht die Luft.

»Ach, dieser Abend ist so wundervoll, Emily«, schwärmte Carol, nachdem Emily die Brandy-Gläser gefüllt und serviert hatte. Sie nippte genüsslich an ihrem Glas. »Endlich sehen wir zwei uns wieder.«

»Ja, das ist schön«, nickte Grandma.

»All die schrecklichen, abscheulichen Dinge, die passiert sind wegen der Firma … Wir dürfen nie wieder zulassen, dass sich Geschäfte so zwischen uns drängen.«

»Diese hässliche Geschichte haben wir überstanden. Blicken wir nach vorn«, lächelte Emily.

»Ja, das sollten wir tun«, meinte Carol entschlossen.

Floyd zog ausgiebig an seiner Zigarre, und es dauerte eine halbe Ewigkeit, bis er den Rauch wieder ausstieß. »Samtig … mild«, murmelte er. »Dreiundsechziger?«

»Fünfundsechziger«, korrigierte Grandpa und nahm ebenfalls einen kräftigen Zug. »Für eine Dreiundsechziger müsste man wahrscheinlich jemanden umbringen.«

Floyd lachte.

»Aber die ist auch nicht zu verachten«, sagte Jason anerkennend.

»Oh, Goodport geriet in diesen lächerlichen Zigarrenboom vor ein paar Jahren hinein. Erinnerst du dich?«, fragte Grandpa.

»Ja, ja«, nickte Floyd.

»Amateure, bornierte Anfänger. Klopfen große Sprüche in ihren Zigarrenclubs, rauchen ihre Churchills runter bis auf die Bauchbinde. Die Tabakbauern kamen mit der Ernte gar nicht mehr nach, so stark war die Nachfrage.«

»Warst du nicht derjenige, der eine Lösung für dieses Problem gefunden hatte?«, fragte Floyd, und Grandpa nickte emsig. Er liebte es, mit seinen Zigarrengeschichten zu prahlen, und Floyd wusste das.

»Ich konnte Hennessy nicht überreden, mir meine Lieblingszigarren zu reservieren«, begann Grandpa und zog wieder genüsslich an seiner Fünfundsechziger. »Und das, obwohl ich über zwanzig Jahre lang Kunde war.«

»Ein schwerer Fehler«, warf Floyd ein. Er hatte diese Geschichte schon mindestens zehnmal gehört. Trotzdem tat er Grandpa den Gefallen, aufmerksam zuzuhören und nicht zu gähnen.

»Bin gespannt, wie's weitergeht«, log Jason, denn auch ihm war diese Anekdote nicht ganz fremd.

»Ich umging diese Mistkerle einfach«, erklärte Grandpa und blickte stolz in die Runde. »Ich suchte mir einen Lieferanten und schnappte mir meine Lieblingszigarren auf direktem Handelsweg. Mehrere hundert Kisten, bar bezahlt, direkt hierher. Also gab es keine mehr für Hennessy.«

»Mehrere hundert Kisten?«, fragte Floyd scheinheilig.

»Diese Mengen hätte ich in hundert Jahren nicht rauchen können. Deshalb war ich so gütig und bot Hennessy meine überschüssigen Vorräte an. Die haben sich darauf gestürzt wie Hunde auf einen Knochen. Bei dem Geschäft habe ich genug verdient, um meine Kisten bezahlen zu können.«

»Sie sind sehr kreativ, Richard«, lobte Jason. »Das ist nur eine Ihrer vielen Stärken.«

»Ich würde sagen, die hervorstechendste«, bemerkte Floyd.

»Darf denn ein Versicherungsagent nicht kreativ sein?«, fragte Grandpa.

»Ja, unsere Branche wird weitgehend unterschätzt«, erklärte Floyd. »Die Menschen denken, wir wären verknöchert, hölzern, nur Automaten, die Papiere hin- und herwälzen. Aber im Gegenteil, wir schaffen täglich etwas Neues. Das, was wir machen, ist wie Leben und Tod. Ein neues Drama jeden Tag. Fast schon wie bei Shakespeare!«

»Richard der Dritte. Macbeth!«, nickte Grandpa.

»Welcher Tag erfordert keinen Mut?«, fuhr Floyd fort. »Oder Hartnäckigkeit? Und manchmal, wie in deiner Zigarrengeschichte, auch ein wenig Rache. Unsere Arbeit ist wundervoll. Der Meinung war ich schon immer. Ich habe immer verteidigt, was ich mache. Und das, was ich habe – und deshalb verklage ich dich!«

Es dauerte eine Weile, bis Grandpa und Jason begriffen, was Floyd da eben gesagt hatte. Sie starrten ihn perplex an.

»Machst du Witze?«, fragte Grandpa, nachdem er endlich seine Sprache wiedergefunden hatte.

»Ich mache keine Witze«, erwiderte Floyd ernst. »Ich verklage eure Firma. Meine Anwälte werden sich morgen Früh mit euch in Verbindung setzen!«

Grandpa konnte es immer noch nicht fassen. »Das ist nicht dein Ernst!«, rief er entsetzt.

»Du hast doch wohl nicht angenommen, ich lasse Digger mit einigen meiner ältesten Klienten ziehen, ohne entsprechend darauf zu reagieren, oder? Bist du so naiv?«

»Dad, das ist doch verrückt«, rief Jason verzweifelt. Er war so geschockt, dass er nicht einmal registriert hatte, dass sein Vater ihn eben Digger genannt hatte.

»Du hast eine Wettbewerbsverbotsklausel unterschrieben, Digger.«

Jetzt hatte er es registriert. »Und dagegen habe ich nicht verstoßen«, erklärte er wütend.

»Das stimmt, Floyd«, erklärte Richard heftig. »Ich habe mir Jasons Vertrag angesehen, und nur bestimmte Kunden waren tabu. Und die sind auch tabu geblieben.«

»Alexander Barnes war tabu«, sagte Floyd und lächelte kalt.

»Das war kein Geschäftsessen. Du kannst mir gar nichts nachweisen. Du hast nichts in der Hand«, erwiderte Jason verzweifelt.

»Vielleicht, vielleicht aber auch nicht. Aber bis das Gericht diese Situation durchschaut, habe ich euch mit Gerichtskosten zugeschüttet. Ich kenne deine finanzielle Situation, Richard! Einen langwierigen Rechtsstreit kannst du nicht überleben.«

Grandpa atmete schwer. »Dann geht es dir also nur um Rache, Floyd? So tief sind wir gesunken?«, fragte er leise.

Floyd zuckte gleichgültig mit den Schultern. »Du hast gerade beschrieben, wie weit du für ein paar Zigarren gegangen bist. Was glaubst du, wie wichtig mir meine Firma ist?!«

»Woher wusstest du, dass ich mit Alex essen war?«, schnaubte Jason. »Hast du mich etwa beschatten lassen?«, fragte er.

Floyd nickte. »Diese ganze Angelegenheit ist einfach widerlich«, gab er zu. »Aber was sollte ich machen? Ich habe getan, was getan werden musste. Was Richard Gilmore auch getan hätte«, erklärte er. Dann erhob er sich aus seinem Sessel und drückte im Stehen seine Zigarre aus. »Ich glaube, ich sollte jetzt gehen«, sagte er und wandte sich Richtung Tür.

Doch Jason sprang auf und stellte sich seinem Vater in den Weg. »Nein, Dad, geh nicht. Pfeif deine Anwälte zurück«, bat er. Er fühlte sich gegenüber Richard schuldig, weil er sich mit seinem Freund Alex getroffen hatte und deshalb Anlass für die Klage war. Er würde alles tun, um zu verhindern, dass Richards Firma seinetwegen den Bach runterging.

Floyd schob seinen Sohn unsanft beiseite und stapfte entschlossen ins Wohnzimmer. Richard und Jason folgten ihm mechanisch.

Carol, Emily und Mom saßen noch immer in schönster Eintracht auf dem Sofa und tauschten den neuesten Klatsch aus. Als erst Floyd und dann Richard und Jason mit langen Gesichtern ins Wohnzimmer kamen, verstummten sie plötzlich. Ihnen war sofort klar, dass irgendetwas vorgefallen sein musste.

»Ich werde mal meine Handtasche holen«, sagte Carol und erhob sich. Offenbar wusste sie Bescheid.

»Carol, nein!«, rief Emily entsetzt. Sie verstand gar nichts mehr.

»Entschuldige, Emily, es ist zwar unhöflich, aber wir müssen jetzt gehen«, erklärte Floyd ruhig.

»Mom, setz dich hin!«, bat Jason.

»Nein, das kann ich nicht«, erwiderte seine Mutter, und es lag keine Spur des Bedauerns darin.

»Was ist denn los, Richard?«, rief Emily.

»Es tut mir Leid, dass der Abend so enden musste«, erklärte Floyd.

»Wir können durchaus so einen Prozess durchstehen, wir verfügen über Kapital«, polterte Richard.

Emily starrte ihn an. Sie fragte sich entsetzt, von welchem Prozess hier die Rede war.

Floyd lachte. »Aber nur, weil du deine Rente als Sicherheit für deine Kredite beliehen hast, Richard!«

Emily schluckte. Davon hatte Richard ihr nie etwas gesagt.

»Woher weißt du…«, stammelte Grandpa.

»In einer kleinen Gemeinde machen große Dinge schnell die Runde«, erklärte Floyd kalt. »Deine Rente zu verpfänden, Richard, war fahrlässig.«

»Welcher Detektiv war es denn?«, schnaubte Jason. »Paluso, nehme ich an?«

»Er ist der Beste!«, nickte Floyd. »Er kriegt alles raus. So habe ich auch herausgefunden, dass eure Tochter mit meinem Sohn zusammen ist.«

Grandpa und Grandma schnappten nach Luft und sahen Lorelai und Jason fragend an.

Die beiden blickten betreten zu Boden.

»Das stimmt aber nicht«, erklärte Emily schließlich im Brustton der Überzeugung. »Lorelai hätte mir das gesagt!«

Floyd klopfte Jason auf die Schulter. »Tut mir Leid, dass mir euer Geheimnis rausgerutscht ist«, sagte er lächelnd. Dann wandte er sich zum Gehen. »Wir finden selbst hinaus«, erklärte er, bedeutete Carol, ihm zu folgen, und marschierte hinaus.

»Dad, warte«, rief Jason, doch Floyd reagierte nicht mehr. Jason wandte sich verzweifelt an Grandpa und Grandma, die beide mit hängenden Schultern und entsetzten Gesichtern vor ihm standen. Es war ein jämmerliches Bild. So hatten sich die beiden den Abend ganz sicher nicht vorgestellt.

»Richard, Emily, er wird euch nicht verklagen«, erklärte Jason fest. »Das wird nicht passieren. Ich verspreche es! Das wird sich alles aufklären, und zwar zu unseren Gunsten! Entschuldigt mich!« Mit diesen Worten rannte er aus dem Wohnzimmer, stürmte zur Haustür hinaus und schaffte es gerade noch, seinen Vater zu erwischen, bevor er ins Auto stieg.

»Lassen wir mal außer Acht, auf welch unerträgliche Weise du dieses Thema angesprochen hast«, sagte er keuchend. »Aber bist du verrückt? Hast du auch nur eine Ahnung, wie weit du gerade gegangen bist?«

Floyd sah ihn nur verächtlich an. Dann schloss er seinen Wagen auf und stieg hinein.

»Dad, warte!«, rief Jason verzweifelt. »Steig nicht in dieses Auto!«

Doch es war zu spät. Floyd saß bereits, schlug seinem Sohn die Autotür vor der Nase zu und startete den Motor.

Jason kehrte unverrichteter Dinge ins Wohnzimmer der Gilmores zurück, und sein Gesicht sprach Bände.

»Wir müssen uns unterhalten«, sagte Richard knapp.

Jason nickte unglücklich und folgte Grandpa wie ein begossener Pudel in sein Büro.

14

Mom und Grandma blieben zurück.

»Du bist doch mit deinem eigenen Wagen hier, oder?«, fragte Grandma kühl. Sie hatte das Thema nicht direkt angesprochen, doch Lorelai wusste auch so, dass ihre Mutter zutiefst beleidigt war, weil sie ihr nichts von ihrer Beziehung zu Jason gesagt hatte.

»Du kannst gehen«, erklärte Emily, doch es klang eher so wie: »Verschwinde sofort aus meinem Haus!«

Mom wäre liebend gern so schnell wie möglich geflohen, um den kalten Blicken Emilys zu entkommen, doch sie hatte ein Problem. »Ich … äh … ich bin eingeparkt!«, erklärte sie unglücklich.

»Richard, Sie haben allen Grund, wütend zu sein!«, sagte Jason und schritt, den Kopf gesenkt, in Grandpas Büro auf und ab.

»Oh, ja, da haben Sie verdammt Recht«, polterte Grandpa. Er hatte sich hinter seinen riesigen antiken Schreibtisch gesetzt und die Arme vor der Brust verschränkt. »Ich bin gedemütigt worden, in meinem eigenen Haus!«

»Dieser Mann ist skrupellos«, nickte Jason.

»Wieso haben Sie das nicht kommen sehen?«

»Sie wissen, wie er ist. Er lässt sich nicht in die Karten

schauen, Richard! Auf dem Golfplatz hat er alles eingefädelt. Der Mann ist ein Soziopath!«

Grandpa nickte langsam. Dann sah er Jason ins Gesicht.

»Sagen Sie mir, haben Sie irgendetwas Illegales getan?«, fragte er eindringlich.

Jason schüttelte heftig den Kopf. »Nein, Richard, ich schwöre Ihnen, ich habe nichts Gesetzeswidriges getan!« Um seine Worte zu unterstreichen, hob er die rechte Hand.

»Und das Essen mit Alex?«

»Wir sind einfach nur Freunde!«, erklärte Jason wahrheitsgemäß.

Doch Grandpa war nicht überzeugt. »Warum sollte ich Ihnen glauben?«

»Weil ich nicht so dumm bin, etwas Illegales zu tun. Weil ich weiß, dass ich nicht damit durchkommen würde! Ich dehne die Grenzen zwar ein wenig aus, Richard, aber ich übertrete sie nie, niemals!«

Grandpa nickte. Doch es fiel ihm immer noch schwer, ihm zu vertrauen, und das hatte seinen Grund. »Wie lange sind Sie schon mit meiner Tochter zusammen?«, fragte er unumwunden.

»Seit fünf Monaten«, erklärte Jason geradeheraus.

Richard sprang auf und kam wütend hinter seinem Schreibtisch hervor. »Fünf Monate haben Sie mich also belogen, Jason?!«, polterte er.

»Ja. Aber das war eine Notlüge«, erklärte sein Partner kleinlaut. »Das Timing passte nicht.«

Richard runzelte missmutig die Stirn. Diese fadenscheinige Ausrede konnte er nicht gelten lassen, und das machte er deutlich, indem er grimmig schnaubte.

»Das hätte unsere Beziehung nur verkompliziert«, versuchte Jason es erneut. »Ich meine, die Beziehung zwischen Ihnen und mir. Und wir wussten ja gar nicht, ob es was

Dauerhaftes ist. Deshalb haben wir eine Entscheidung getroffen.« Er blickte Richard an. »In Ordnung«, sagte er, als er seinen Gesichtsausdruck sah. »Es war die falsche.«

»Es gibt vieles, was Ihnen Leid tun wird«, erklärte Grandpa düster.

»Das weiß ich. Mein verdammter Vater! Ich hätte das ahnen müssen. Ich kenne ihn so gut, und ich unterschätze ihn doch immer wieder.«

Richard nickte, und langsam wurde seine Stimmung versöhnlicher. Ihm wurde klar, dass er Jason nicht allein die Schuld an diesem Desaster geben konnte. »Wir hätten es beide ahnen müssen«, sagte er leise.

»Ich bringe das wieder in Ordnung«, versprach Jason.

»Wie?«

»Er blufft doch. Sie kennen meinen Vater! Er hasst es, Anwälten Geld zahlen zu müssen. Und dieser Prozess würde ihn ganz schön was kosten.«

»Das ist wahr!«, nickte Grandpa.

»Wir erheben Gegenklage«, schlug Jason vor. »Seine Klage ist widerrechtlich, dafür muss er zahlen.«

»Möglich!«

»Ich schwöre Ihnen, ich tue alles, um Ihr Vertrauen zurückzugewinnen«, sagte Jason und hob seine Hand ein zweites Mal. »Sie waren sehr gut zu mir. Bitte. Bitte lassen Sie es mich versuchen.«

Richard nickte. Jason hatte ihn überzeugt, und er wusste, dass er wirklich alles tun würde, um es wieder geradezubiegen. »Okay«, sagte er daher und reichte ihm die Hand. »Ich schenke Ihnen mein Vertrauen. Schnappen Sie ihn sich!«

Jason nahm Richards Hand dankbar, schüttelte sie und wollte sie gar nicht mehr loslassen. Erst als Grandpa ein wenig energischer versuchte, sie ihm zu entziehen, gab er sie wieder frei. »Danke, Richard«, sagte er glücklich. »Danke.

Und ich verspreche Ihnen auch, dass ich an meinem Handicap arbeite, damit ich Sie auf dem Golfplatz nicht mehr blamiere.«

»Ja. Bitte, tun Sie das!«, sagte Grandpa ernst.

Jason hätte Moms Problem leicht lösen können, denn sein Wagen stand unmittelbar vor ihrem. Er hätte also nur wegfahren müssen, und sie hätte freie Fahrt gehabt. Doch Jason hatte eine halbe Ewigkeit in Grandpas Büro verbracht, und irgendwann hatte Mom es nicht mehr ausgehalten. Sie hatte ihre Tasche und ihren Mantel geschnappt, sich von ihrer wortkargen Mutter verabschiedet und war in ihr Auto gestiegen. Nun versuchte sie seit geraumer Zeit, aus der Parklücke herauszufahren, obwohl sie hinten und vorne zusammen genau zwei Zentimeter Platz hatte. Sie kurbelte das Lenkrad hin und her, und obwohl sie versuchte, sehr vorsichtig zu sein, stieß sie dauernd vorne und hinten an. Es ging einfach nicht anders. Irgendwann musste sie einsehen, dass einfach nichts zu machen war. Sie kam nicht raus. Resigniert stellte sie den Motor ab und wartete.

Eine halbe Ewigkeit später klopfte endlich jemand an die Scheibe, und als Mom sie herunterkurbelte, erkannte sie dankbar, dass es Jason war. Offenbar hatte er sein Gespräch mit ihrem Vater beendet. »Würdest du wegfahren?«, fragte Mom schwach. Ihre Arme waren schon wie gelähmt, von der ganzen Kurbelei.

Jason nickte. »Ich habe eine riesengroße Wodkaflasche zu Hause«, erklärte er. »Die größte Wodkaflasche, die die Welt je gesehen hat.«

»Und was trinkst du?«, wollte Mom wissen.

»Gin!«

»Dann los!«, rief sie erfreut und startete den Motor.

»Eier. Ich muss die Eier finden«, murmelte Kirk. Es war mitten in der Nacht, und Kirk schwankte noch immer suchend über den Platz. Doch es war hoffnungslos. Er war so übernächtigt, dass er nur noch schemenhaft sehen und kaum noch aufrecht gehen konnte. Abgesehen davon war es stockdunkel, was eine ziemlich schlechte Voraussetzung dafür war, nach kleinen verfaulten Eiern zu suchen. »Eier«, japste Kirk immer wieder und stolperte beinahe über seine eigenen Füße. »Morgen ist die Blumenausstellung! Morgen ist die Blumenausstellung, und ich habe die zwölf Eier nicht gefunden!«, jammerte er. »Ich habe Taylor enttäuscht!« Kirk schluckte. »Er ist doch wie ein Vater für mich. Nein, er ist mein Vater!«

»Er ist nicht dein Vater!«, hörte er plötzlich jemanden hinter sich sagen. Erschrocken drehte er sich um. Da stand Luke.

»Nein, mein Vater ist mein Vater«, sagte Kirk mit schwacher Stimme. »Das heißt, Taylor ist mein Schneider. Was kostet wohl das Umnähen einer Hose?«

Luke stöhnte. Scheinbar hatte Kirk inzwischen Halluzinationen. »Taylor ist nicht dein Schneider!«, erklärte er geduldig, doch Kirk hörte gar nicht mehr hin.

»Ich habe ihn enttäuscht. Ich habe Taylor enttäuscht«, wiederholte er immer wieder. »Ich habe die ganze Stadt enttäuscht. Er mag mich bestimmt nicht mehr.«

Luke fasste ihn an den Schultern und schüttelte ihn. Dann drückte er ihm eine volle Tüte in die Hand.

Kirk starrte ihn mit glasigen Augen an. »Was ist das?«, flüsterte er.

»Das sind die letzten zwölf Eier!«

»Die letzten …« Kirk blieb vor Überraschung der Mund offen stehen.

»Du hast dir ganz schön kranke Verstecke einfallen lassen. Tu das nie wieder!«

»Das sind die letzten zwölf?« Kirk konnte es immer noch nicht fassen.

»Sag Taylor, dass du sie gefunden hast«, bat Luke, klopfte ihm auf die Schulter und ging davon.

»Danke. Ich danke dir!«, rief Kirk ihm hinterher. »Danke. Danke.«

Luke hörte ihn brüllen, doch er hielt es für besser, sich so schnell wie möglich aus dem Staub zu machen. Er stieg in sein Auto, ohne sich noch einmal umzudrehen. Dann startete er den Motor und brauste davon.

Ich hatte an diesem Abend ewig gebraucht, um nach Stars Hollow zu kommen. Wegen einer Vollsperrung hatte ich einen riesigen Umweg fahren müssen. Als ich unser Städtchen endlich erreicht hatte, wollte ich nur noch nach Hause. Doch es kam anders. Als ich an einer roten Ampel hielt, klopfte plötzlich jemand an die Fensterscheibe meines Autos. Ich kurbelte sie herunter und erkannte zu meiner Überraschung, dass es Dean war, der da neben meinem Wagen stand.

»Komm mit«, bat er mich.

»Was? Wohin?«, fragte ich mit leicht gereiztem Unterton. Eigentlich hatte ich weder Lust noch Nerven, mich um diese Zeit mit meinem Ex-Freund auseinander zu setzen. Doch Dean war so hartnäckig, dass ich keine Wahl hatte. Also parkte ich mein Auto am Straßenrand, stieg aus und folgte ihm hinter eine dunkle Hausecke. Ich fragte mich ernsthaft, was er mit mir vorhatte. Wenn er sich schon unbedingt jetzt mit mir unterhalten wollte, wieso konnte er das nicht auf offener Straße tun?

»Ich hatte es auf deinem Handy versucht«, erklärte Dean.

Ich zuckte mit den Schultern. »Es war nicht an.«

»Es tut mir Leid, okay? Es tut mir sehr Leid!«, platzte er plötzlich heraus.

»Was denn, Dean?«, fragte ich, obwohl ich wusste, was er meinte.

»Na ja, ich habe mich wie ein Idiot aufgeführt und, na ja, rumgeschrien und, äh …

»Du hast nicht geschrien«, wiedersprach ich, obwohl er, streng genommen, doch geschrien hatte.

»Ich war wütend auf dich, und das ist bescheuert.«

Ich schüttelte den Kopf. Es rührte mich, dass Dean sich bei mir entschuldigte, und inzwischen tat es mir Leid, dass ich ihm so die Leviten gelesen hatte. »Nein, Dean, ich bin die Idiotin«, sagte ich deshalb. »Ich hätte dir nicht so zusetzen sollen! Ich habe das falsch ausgedrückt. Es ist dein Leben, deine Entscheidung.«

»Nein, ich hätte nicht so blöd reagieren sollen.«

»Du hattest aber völlig Recht!«

»Du machst dir Sorgen um mich.«

Da hatte er Recht. »Ich glaube, dass ein Studium das Beste für dich ist. Ich weiß, das steht mir nicht zu. Ich will einfach nur nicht, dass du alles aufgibst!«, versuchte ich ihm es noch einmal zu erklären.

»Das weiß ich«, nickte Dean. »Nur manchmal glaube ich, du bist die Einzige, die das will!«

Ich nickte. Dann beschloss ich, etwas zur Sprache zu bringen, was mir schon die ganze Zeit nicht mehr aus dem Kopf gehen wollte. »Tja, leider hat Lindsay etwas gehört, das ich bei *Dose's* über sie gesagt habe«, erklärte ich kleinlaut.

»Ja.« Dean nickte.

Lindsay hatte es ihm also erzählt. Na ja, ich hätte es wohl genauso gemacht. »Ich fühle mich total mies deswegen«, fuhr ich fort. »Ich kann einfach meine Klappe nicht halten.«

»Nein, ist schon okay.«

»Sie war bestimmt stinksauer auf mich.«

»So könnte man es nennen.«

Ich schwieg einen Augenblick. »Ich wollte ihre Gefühle nicht verletzen!«, erklärte ich dann.

Dean winkte ab. »Sie wird's überleben.«

»Sie weiß, dass wir Kontakt haben? Dass wir Freunde sind?«, fragte ich ihn.

»Na ja.« Er zögerte. »Jetzt ja!«

Ich sah ihn erstaunt an. Er hatte es ihr tatsächlich nicht erzählt. Nicht, dass wir hin und wieder telefonierten, und auch nicht, dass er mich ein paar Mal in Yale besucht hatte. Ich wäre nie auf die Idee gekommen, dass sie etwas dagegen haben könnte, aber Dean hatte es offenbar geahnt.

»Lindsay will, dass ich nie wieder mit dir rede«, eröffnete er mir.

»Oh«, sagte ich geschockt, und jetzt wurde mir auch klar, warum wir hier hinter einer dunklen Hausecke standen. »Na ja, das ist sogar irgendwie verständlich«, sagte ich schließlich.

»Ich will dich aber nicht verlieren!«, platzte er plötzlich heraus.

»Ja, ich will dich auch nicht verlieren«, sagte ich und lächelte.

»Dann lassen wir es nicht so weit kommen!«, schlug er vor.

Ich nickte und hoffte, dass uns das auch gelingen würde. Wir sahen uns tief in die Augen. Fast wie früher, dachte ich ein bisschen melancholisch. Doch dann riss ich mich zusammen. »Du solltest besser gehen«, sagte ich, obwohl ich gern noch ein wenig mit ihm geredet hätte.

»Ja!«, gab er mir Recht.

»Ich geh auch.« Ich drückte Dean zum Abschied einen Kuss auf die Wange. Dann drehte ich mich um und lief, so schnell ich konnte, zurück zu meinem Auto.

15

Grandma war auf die Terrasse gegangen und hatte schweren Herzens mit den »Aufräumarbeiten« begonnen. Sie hatte sich in den letzten Tagen so viel Arbeit gemacht und sich so viel von diesem Abend versprochen. Und dann war alles in einem Desaster geendet. Sie war wütend auf Floyd, aber auch auf Carol, die sofort aufgesprungen und ihrem Mann ohne ein Wort des Bedauerns gefolgt war. »Wir dürfen nie wieder zulassen, dass sich Geschäfte zwischen uns drängen«, hatte sie kurz zuvor noch gesagt. Emily lachte leise auf. Diese scheinheilige Schlange! Sie seufzte und ließ den Abend weiter Revue passieren. Ihr fiel Lorelai ein. Sie war auch wütend auf sie. Wieso hatte sie ihr nichts von Jason erzählt? Schließlich war sie ihre Mutter, und sie fand, dass sie ein Recht darauf hatte, zu erfahren, welchen Partner sie gerade hatte. Und dann war sie auch noch wütend auf Richard. Wenn es stimmte, was Floyd gesagt hatte, dann hatte er seine und ihre Altersvorsorge verpfändet, und was das im Ernstfall bedeuten würde, dass mochte sie sich gar nicht ausmalen.

Sie blickte sorgenvoll in den Himmel. Der Mond war weg. Er hatte sich selbst verschoben, wie sie es zu Beginn des Abends prophezeit hatte. Es war alles so perfekt gewesen. Und trotzdem war alles schief gelaufen.

Als Richard auf die Terrasse trat, ging sie zu ihm und sah ihn an. Seine Miene war sorgenvoll.

»Ist das wahr? Hast du deine Rente als Sicherheit eingesetzt?«, fragte Grandma ihn. »Sind wir jetzt in Schwierigkeiten?«

Grandpa legte einen Arm um sie und seufzte tief. »Das wird alles wieder, Emily, es wird alles gut!«, versprach er.

Doch sie kannte ihn. Er machte sich ernsthaft Gedanken um ihre Existenz, das sah sie ihm an. »Du hast mit Jason geredet?«, fragte sie.

»Es wird alles wieder gut!«, wiederholte er stoisch.

Mom war mit zu Jason nach Hause gefahren. Nun saßen die beiden auf dem Sofa und taten das, was sie sich kurz zuvor vorgenommen hatten: Sie betranken sich. Es dauerte nicht allzu lange, bis der Alkohol bei beiden seine Wirkung zeigte.

Mom betrachtete ihren Freund fachmännisch. »Du bist betrunken«, stellte sie schließlich fest.

»Oh, nein!«, stritt Jason ab. »Ich, mich betrinken? Das würde mir nicht im Traum einfällen … äh …fallen.«

»Ah, das Spiel macht Spaß«, lachte Mom.

»Welches?«

»Das Spiel, bei dem man aus richtigen Wörtern lustige macht.«

Jason grinste. Dann gähnte er plötzlich herzhaft. »Weißt du was? Ich bin müde«, erklärte er.

Mom nickte, doch mit ihren Gedanken war sie ganz woanders. »Hey, weißt du, dein Vater war eigentlich ganz toll, bis auf den Schluss«, sagte sie.

»Ja, der Schluss war ziemlich bescheiden.«

»Es war, als würde man aus zweihundert Metern abstürzen. Die ersten hundertneunundneunzig sind noch okay, nur der letzte Meter, der ist dann einfach das Letzte.«

»Ja.« Jason griff nach seinem Glas und nahm einen kräftigen Schluck Gin. »Der ist total scheiße, der letzte

Meter. Aber weißt du, der Abend hatte auch was Erhellendes.«

Mom zog die Stirn in Falten und dachte nach. »Den Mond?«, fragte sie schließlich.

Jason schüttelte den Kopf. »Nein, obwohl der Mond, ja, der war sehr hell. Aber ich meine etwas anderes.«

»Was?«

»Jetzt ist das mit unserer Beziehung wenigstens raus. Kein Versteckspielen mehr!«

»Ja, kein Versteckspielen!« Jetzt nahm auch Mom ihr Glas vom Tisch und hob es. »Kein Versteckspiel mehr!«, sagte sie laut. »Darauf trinke ich!«

Jason prostete ihr zu und trank. »Und ich habe Richard beruhigt«, sagte er zufrieden. Er lächelte. Jetzt, mit einem halben Liter Gin im Körper, war die Erinnerung an diesen furchtbaren Abend nicht mehr ganz so unerträglich, fand er. Und er war plötzlich davon überzeugt, dass er nicht nur Richard beruhigt hatte, sondern dass er seinen Vater irgendwie dazu bringen könnte, von dieser schwachsinnigen Klage abzusehen. »Ich werde alles regeln!«, erklärte er feierlich und küsste Lorelai.

»Wie?«, fragte sie.

»Mit Magie. Ich bin magisch, wusstest du das nicht? Ja, ja. So bin ich nun mal.«

Mom lachte. »Einen kurzen Augenblick dachte ich, Dads Kopf würde platzen.«

»Das wird alles wieder! In ein paar Tagen gehen wir Golf spielen. Das bringt ihn auf andere Gedanken.«

Mom hickste. Dann deutete sie plötzlich auf Jasons Pflanze. Sie stand zwar immer noch da, wo sie sie abgestellt hatte, nur sah sie nicht mehr so aus wie vorher. Die leuchtend grüne Farbe war einem traurigen Braun gewichen, und die Blätter hingen schlaff herunter. Mit anderen Worten: Die

Blume war hinüber. »Wie konnte sie so schnell sterben?«, fragte Mom entsetzt.

»Möglicherweise Selbstmord!«, vermutete Jason und betrachtete fachmännisch das traurige braune Etwas auf seinem Couchtisch.

»Oh, armes Ding!« Mom legte den Arm um Jason, und es war nicht ganz klar, ob sie die Pflanze oder ihn meinte. »Geht es dir eigentlich gut?«, fragte sie plötzlich. »Unterstütze ich genug dich? Ähm … dreh die letzten Worte um!«

»Ja, es geht mir gut!«, lachte Jason und gab ihr einen Kuss auf die Wange. Er war gerührt, dass sich Lorelai um ihn sorgte. »Es ist seltsam«, sagte er nachdenklich. »Mein Vater will mich vernichten, und ich habe das Gefühl, dass er mir zum ersten Mal in meinem Leben Respekt entgegenbringt.«

»Darauf trinken wir«, schlug Mom vor und prostete ihm zu.

»Darauf trinken wir!«, sagte Jason feierlich und trank.

»Guter Schlag. Ganz wunderbar«, lobte Floyd.

Grandpa lachte. Es war kein guter Schlag gewesen, das wusste er genauso gut wie Floyd. »Ich weiß deine Freundlichkeit zu schätzen«, erklärte er grinsend.

Seit dem Essen mit Jasons Eltern war eine Woche vergangen. Grandpa hatte diese Woche genutzt und das Gespräch mit Floyd gesucht. Es war ein sehr konstruktives Gespräch gewesen, und die beiden Männer waren sich einig geworden. »Also, sind die Grundzüge unter uns geklärt?«, fragte Grandpa, während sich Floyd den Ball für seinen Abschlag zurechtlegte.

»Ich denke schon«, nickte Floyd und drosch auf den Golfball ein. Er flog sehr weit.

»Das war ein wirklich guter Abschlag!«, sagte Grandpa anerkennend.

»Ja, das war es«, nickte Floyd. »Also gut. Ich lasse die Klage fallen.«

»Wir teilen die Kunden unter uns auf?«

»Ja, und du kommst wieder zurück in die Firma! Und behältst deine eigene als Tochtergesellschaft.«

»Du kehrst als Held zurück, Richard!«

»Musik in meinen Ohren«, lächelte Grandpa.

Floyd seufzte. »Was für ein herrlicher Tag heute.«

Grandpa und Floyd verbrachten noch den ganzen Nachmittag auf dem Golfplatz und redeten über Vergangenes und über die Zukunft; und als Grandpa abends nach Hause kam, war er bester Laune. Kein Wunder. Nach einer turbulenten Zeit war für ihn endlich alles gut geworden. Nach dem Tod seiner Mutter hatte er sich wieder gefangen, Job und Rente waren in trockenen Tüchern, und Grandma war ihm auch nicht mehr böse.

Ich saß in Yale an meinem Schreibtisch. Eigentlich hätte ich an einem Referat arbeiten müssen, doch heute brachte ich einfach nichts Ordentliches zu Papier. Stattdessen spukte mir alles, was in den letzten Wochen und Monaten passiert war, durch den Kopf. Es war eine turbulente Zeit gewesen, und zum Glück gab es noch andere neben Grandpa, für die am Ende alles gut geworden war. Für Taylor und seine Blumenausstellung zum Beispiel. Oder für mich und Dean – wir hatten uns wieder versöhnt. Und für Mom und Jason, die nun endlich »offiziell« ein Paar waren.

Aber es gab auch Menschen, für die das Happy End bis jetzt ausgeblieben war. Luke und Nicole fielen mir ein. Es sah nicht so aus, als würden sie je wieder zusammenfinden. Oder Kirk. Nachdem er die letzten zwölf Eier bei Taylor abgeliefert hatte, war er in einen Tiefschlaf gefallen, und es hieß, er sei lange nicht wieder aufgewacht. Armer Kerl! Andererseits: Der lange Schlaf würde ihm gut tun, und bald würde auch er wieder auf den Beinen sein. Und dann sähe die Welt schon wieder ganz anders aus. Für Kirk, für Luke, und für alle anderen, die noch auf ihr Happy End warteten. Denn wie sagt Mom immer so schön: Das Leben ist einfach wunderbar …

EVERWOOD

Die Romane zur neuen außergewöhnlichen Familienserie sind jetzt überall erhältlich!

Erfahrt mehr über die Familie Brown und wie alles begann.

Everwood
Bis dass der Tod euch scheidet
ISBN 3-8025-3442-5

Everwood
Ein neues Leben
ISBN 3-8025-3443-3

Everwood
Wolken am Horizont
ISBN 3-8025-3444-1

Everwood
Es gibt immmer ein Morgen
ISBN 3-8025-3445-X

Egmont vgs verlagsgesellschaft, Köln
www.vgs.de